ニーチェ＋＋

Nietzsche ++

編著 溝口隆一

Mizoguchi Ryuichi

ふくろう出版

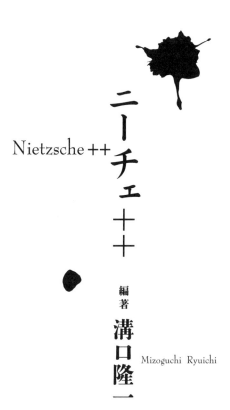

ニーチェとその時代

一八四四年　牧師の子として誕生。ロマン主義隆盛期。一八四八年に三月革命、フランクフルト国民議会。以降ウィーン体制崩壊から近代国家成立へ。
一八五八年　高等学校プフォルタ・シュールに入学。一八六二年にはツルゲーネフの『父と子』発表、同年ビスマルクがプロイセン宰相に。
一八六四年　高等学校卒業論文「メガラのテオグニスについて」。ボン大学神学部に入学、その後哲学部（文献学）に。第一インターナショナル（～七六）。
一八六五年　師リッチュルに付いて、ライプチッヒ大学に移る。ショーペンハウアー『意志と表象としての世界』（一八一九年）との出会い。
一八六七年　軍隊に入隊。大学の懸賞論文「ディオゲネス・ラエルティオスの原典について」。前年の普墺戦争を経て、オーストリア・ハンガリー帝国成立。
一八六八年　復学。ヴァーグナーと初対面。明治維新。
一八六九年　バーゼル大学員外教授（古典文献学）、その後正教授。就任講演「ホメロスと古典文献学」。スイス国籍に。
一八七〇年　普仏戦争（～七一）、プロイセン側に志願（看護兵）。
一八七一年　哲学教授就任に失敗。健康状態悪化。ドイツ帝国成立。ビスマルク外交の時代へ。パリ・コミューン。
一八七二年　『悲劇の誕生』出版。学者としてのキャリアは終了し、ショーペンハウアーとヴァーグナーの影響下に哲学的著作者としてのキャリアがスタート（「初期ニーチェ哲学」）。
一八七三年　『反時代的考察』第一篇「ダーフィット・シュトラウス―信仰告白者・著述家」出版。未完原稿「道徳外の意味における真理と虚偽について」執筆。文化闘争つづく。
一八七四年　『反時代的考察』第二篇「生にとっての歴史の利害」、第三篇「教育者としてのショーペンハウアー」出版。
一八七六年　『反時代的考察』第四篇「バイロイトにおけるリヒャルト・ヴァーグナー」出版。最初のバイロイト祝祭劇。

一八七八年　ヴァーグナーと決別、新しい段階へ（「中期ニーチェ哲学」「実証主義期」）。『人間的、あまりに人間的』出版。社会主義者鎮圧法。以降独占資本主義と帝国主義の時代へ。
一八七九年　『さまざまな意見と箴言』出版（のちに『人間的、あまりに人間的』に統合）。病状悪化し、教授職を辞する。『放浪者とその影』出版（のちに『人間的、あまりに人間的』に統合）。
一八八一年　『曙光』出版。「永遠回帰」の体験。アレクサンドル二世暗殺（ニヒリズム横行後）
一八八二年　「メッシーナ牧歌」発表。『悦ばしき学問』出版。その後、新しい段階の哲学へ（「後期ニーチェ哲学」）。
一八八三年　『ツァラトゥストラ』第一部刊行。
一八八四年　『ツァラトゥストラ』第二部、第三部、刊行。
一八八五年　『ツァラトゥストラ』第四部、私家版として印刷。
一八八六年　『善悪の彼岸』自費出版。「自己批判の試み」を付けた『悲劇の誕生』の新版を刊行。『人間的、あまりに人間的』に序文を付けて再版。
一八八七年　『曙光』に序文を付けて再版。「われら怖れを知らぬ者」と「プリンツ・フォーゲルフライの歌」を付けて『悦ばしき学問』を再版。『ツァラトゥストラ』第一部から第三部までを合本して出版。『道徳の系譜』を自費出版。
一八八八年　この年から翌年はじめまでが哲学者ニーチェの晩年。『ヴァーグナーの場合』、『偶像の黄昏』、『アンチクリスト』、『ニーチェ対ヴァーグナー』、『ディオニュソス頌歌』完成。『この人を見よ』執筆。
一八八九年　一月三日トリノで昏倒。バーゼル精神病院に入院。第二インターナショナル（〜一九一四）。
一八九〇年　ナウムブルクの母が引き取る。ビスマルク引退。
一八九二年　ペーター・ガストがニーチェ全集を企画。
一八九四年　ニーチェの妹が全集計画を中止させ、母の家に「ニーチェ文庫」を設立（その後妹とともにワイマールに移転）。日清戦争（〜九五）。
一八九七年　母死去。ニーチェは妹に引き取られる。
一九〇〇年　ニーチェ死去。

本書について

本書は、二〇一二年発行の『ニーチェb』にはじまる一連の論文集の続きである。本書で五冊目になる。当初は、学会誌に載せてもらえた論文の別ヴァージョンや活字にせずに宙に浮いていた論文を一冊に集めたら業績の整理になってよい、という軽い気持ちでつくりはじめた。その後、だんだんと論文の数が減っていき雑文が増えていったが、基本姿勢は変わらない。本書も「第一部」のニーチェに関する二つの論文と一つのレポートを形に残したいという思いで作成された。

一方で、本書は二〇一六年発行の『ニーチェ+』の続編でもある。『ニーチェ+』は縁のあった研究者たちと一緒に本を出せたらおもしろいという軽いノリでお声がけし、原稿が集まったので出版した。今回も同じような経緯である。執筆していただいた鍛冶先生、長濱先生、桃井先生、そして図書館の中井さんには感謝の念を禁じえない。本当にありがとうございます。

本書「第三部」は、大学図書館に関する文書から成る。五年ほど勤め先の大学の図書館長をやったが、本書所収の文書はその報告書の類ではない。経験を参照にしつつ大学図書館の活動を形式的なモデルに変換しようとした、いわゆる一つのチャレンジングな試みである。今回は中途半端に終わったが、またこりずにトライしてみたい。(このチャレンジングという言い方は、二十年前に就活指導で覚えたのだが、どう使えば日本語として正しいのか、いまだによくわからない）。

「第四部」の雑文は、授業のために書いた。しかし、コロナ禍に至る約十年の生活記録として、結構おもしろいものになったかもしれない。もちろん、おもしろがるのは数百年後の歴史家だろうが。

そういえば『ニーチェ＋』の論文のテーマは「画期的なこと」であった。そんなテーマを設定したくなるほど、当時の私の周辺は凪だった。今回は論文のテーマではなく、生活が実際に画期的な事態になっている。ここ二年、私の仕事の中心は、スタジオでの動画編集だ。コロナ禍は、世界の片隅に生きるちっぽけな男にさえ、生き方の変更を迫った。男は、二十年鍛えた対面授業のためのスキルを捨て、M1搭載のMacBook airを買うに至った。

どうやらこのままだと次回作は映像作品になりそうだ。そのとき、論文をどうやって掲載すればいいのか。画面にＱＲコードを載せたりするのか。

科学技術は進歩するが、人生の悩みは尽きない。

二〇二二年十一月十一日　大阪岸里の寒い部屋にて　溝口隆一

ニーチェ＋＋

目次

第一部

ニーチェ

はじめに

一　本を読めばいいじゃん

私は哲学の教師として飯を食っている。正直良心が痛むことも多いし、逆に、腹が立つことも多い。どちらも、同じ疑問に根がある。それは次のような疑問だ。

なぜ学生は本を読まないのか。

先日も、いろいろな教育的配慮（ケッ！）の結果、デカルトについて講義をしたが、デカルトの専門家でもなんでもないのでボンヤリした話になってしまい、申し訳ないやらむかつくやらで汗だくになって教室を出た。もちろん大汗はただの更年期かもしれないが、それはともかく、そのとき私が心につぶやいていたのは次の言葉だ。

だから、オレの話なんか聞かないで『方法序説』を読めばいいじゃんか。

ああイライラする。そうなのだ。講義中の説明なんて、たいてい岩波文庫で事足りるのだ。それなのに、なぜか学生は私にわかりやすく説明してくださいと言う。

だから、デカルト本人に訊けっての。『方法序説』はそういう趣旨の本だから。

もはや時効だと勝手に解釈して告白する。

私は哲学科の学生だったが、授業なんてほとんど出てませんから。サークルボックスで『パイドン』とか『プロレゴメナ』とか読んでました。それで学者になりましたから（なんか昔の芸人のネタみたいだな、残念！）。授業に出てればもっと立派な学者になったかも、というツッコミはシカトです！　イライライラ……

……今お水を飲んだので少し落ち着いた。

ようするに、本を読みましょうということだ。先生に『方法序説』の内容を訊くより、『方法序説』を読んで先生に質問するほうがいい。

そのための一助として、一冊の哲学書を紹介したい。ただし、私の独断と偏見で選んだ本なので、そのつもりで。一般的な哲学書の紹介なら、それこそ高校「倫理」の教科書にも書いてありますから。私の出番はないですから。残念！

二　『ニーチェと哲学』（ジル・ドゥルーズ著、江川隆男訳、河出文庫、二〇〇八年出版、原著は一九六二年出版）

1

哲学書は、小説と違って、ネタバレしてもよい。というか、最後にあっと驚く展開があると困る。だから、はじめのほうにパンチの効いた言葉がある名著も多い。その意味では、ドゥルーズのこの本も名著かもしれない。

ニーチェのもっとも一般的な企ては次のことにある。すなわち、哲学のうちに意味と価値の概念を導入すること。明らかに現代の哲学は、大部分、ニーチェを糧にしてきたし、今もなおそうである。しかし、おそらくそれは、彼が望んだような様式においてではないだろう。ニーチェは、意味と価値の哲学が一つの批判でなければならないということをけっして隠さなかった。（19頁）

まさにワンツーパンチだ。まず、ニーチェは、哲学に意味と価値を持ち込んだと左ジャブ。哲学史の常識を読者に叩き込む、いいジャブだ。

二十世紀以降、なにかの正体を知るということは、それがなにを引き起こすのか、どの程度の効能があるのかを知ることだ。

たとえば、カエルを知るということは、目撃した姉が卒倒することや、ボクシングの金メダリストが引退してカエルの研究者を目指すことやらの、カエルが引き起こす出来事を知ることだ。また、姉を前より不愉快にさせるとか、カエル学会の会長を前より愉快な気分にさせるとかの、効能を知ることだ。

まあ、これは哲学というより、科学も含めた知的活動全般の近代後期以降の流行なのだが。

ちなみに昔はそうではなかった。

カエルを知るということは、カエルとは本当はなにかを知ることだった。たとえば、水という原初の姿であったり、多産という抽象概念であったり、筋肉や骨などの構成要素であったりを知ることが、カエルを知ることだった。

でも、二十一世紀の今、そんな知識は個人的趣味とみなされている。

新型コロナについて人々が知りたいのは、そのウイルスがどんな症状を引き起こすのか、その流行が社会にどんな変化を生じさせるのか、そして、それが誰を、あるいはなにを、不幸にしたりハッピーにしたりするのかということだ。

新型コロナの真の姿については、誰も問わない。

2

ニーチェは十九世紀後半にこういう時代が来ることを予告していた。だから、二十世紀思想の先駆けと思想史上位置づけられる。

だが、ドゥルーズは、これだけがニーチェの業績ではないと言う。

価値的な思考は、批判でなければならないと右ストレート。これは実に気持ちのいい右ストレートだ。

二十一世紀の今、価値的に思考するのは当たり前である。

世間でもてはやされるのは統計学をベースにした経験科学で、どれもこれも経済学の親戚のようにみえる。

近代物理学に範をとった、物事のメカニズムを解明する科学は、生ける化石のような扱いだ。ましてや、物事の本当の姿を問う伝統的な哲学など、世間的にはあやしい宗教のようなものだ。

もちろん、私も、日常的には意味と価値の哲学で生きている。

品薄のプレイステーション5の購入を抽選で当たるまで待つかプレ値で転売ヤーから買うかを、毎晩寝床で考えている。つまり、高値で買うのと早く遊べるのとどっちが得かを、老後の資金問題よりも真剣に計算している。

そしてその間、プレステ5の機械としての仕組みについて考えたことはほとんどない。ましてや、プレステ5とは本当はなんなのかという、哲学的な問いを発したことは、一度たりともない。

結局のところ、意味と価値の哲学は、上手な損得勘定に矮小化されがちである。つまり、簡単に儲け話の哲学に変性する。

そうなのだ。これが大問題なのだ。

そうなると、なにが本当かなんてどうでもよくなり、どうみなせば利益があがるかという問いだけを追求しだす。コンサルタント業のマニュアルもどきの哲学。

そんな損得勘定の思考は、そこに批判がなければ真の哲学ではない。

なにが得かではなく、あれやこれやを得と判断するときの判断基準について問うこと。ニーチェの言い方だと価値の価値を問うこと。これが重要だ。

プレステ5を正規の販売店で買うか転売業者から買うかの二択に悩むだけでは哲学にならない。

その二択の煩悶から一旦冷静になって、なぜこの二択で悩んでいるのかと考える。これに悩んでいる私は、本当はなにを欲しているのか。同じ二択に悩む人がたくさんいるこの社会は、どんな社会なのか。等々と問いが増殖する。

そんな問いの増殖こそが、哲学の本来の姿である。

3

意味と価値の哲学だけだと本当の哲学には足りていない。

価値づけつつ、その価値づけ自体を批判する。そこまでやるのが哲学だ。

『ニーチェと哲学』という本は、そうニーチェが言っていると教えてくれる。

価値づけの結果を便利なデータとして政治家や企業に売ったりするのが、哲学者のあるべき姿ではない。哲学者なら批判をサボるな！

哲学業界の末席にいる私は、ドゥルーズに怒られているのである。

ご叱責はごもっとも。

哲学者ご自慢の鳥瞰的に広く物事を見る目を、金儲けだけに使っていては哲学者の名が廃る。だから、最後に私の意見を加えて哲学的議論に貢献したい。

いいかい、学生諸君。

批判をしつつも、プレステ5の購入に悩む自分を抹消してはいけないよ。プレステ5を欲しがる自分を否定してはいけない。こうした欲望の存在自体を否定することは、普通の人間をやめることだから。

欲望の火を消すことは宗教的な解脱であり、哲学ではないのだ。

体験としての経験
——初期ニーチェにおけるヒュームからの三つの引用——

はじめに

二十世紀後期の哲学者ジル・ドゥルーズは、『ニーチェと哲学』という、ニーチェ研究の枠をこえた哲学書の著者であり、同時に『経験論と主体性』という、ヒュームに関する論文からキャリアを始めた人であった。そのため、八十年代に哲学への関心に目覚めた私のような者は、ニーチェとヒュームの思想にはなんらかの共通点があるのではと推測しがちである。しかし、いざその共通点を探究しはじめると、比較研究の踏破困難な泥沼に踏み入ることになる。というのも、ニーチェが、ショーペンハウアーを真剣に読んだという意味で、あるいは、思ったよりはカントやヘーゲルも知っていたという意味でさえも、ニーチェがヒュームから影響を受けたと言える証拠は、ニーチェ全集に存在しないからである。結局のところ、A.C.ダントーの次のような見解が、ニーチェ読みの実感ではなかろうか。

たしかにニーチェの著作中に、ヒュームへの言及は非常に少ないにしても、よくはわからないがおそらくは、ニーチェは彼の諸々の見解をヒュームから当然引き出していたのだろう。(Danto, 140)

たしかに、生の哲学と実存主義という二十世紀の代表的な思潮の源流となったニーチェは、古典的経験論の完成者であり破壊者であるヒュームから、生きた時代と哲学史上の位置づけをこえて、「よくわからないがおそらくは」、学んでいるように思える。では、そう思える根拠は、なにか。

ダントーによれば、それはヒュームとニーチェの見解の類似性である。ダントーはこう述べている。

ニーチェは因果律の概念に関して、ヒュームのものと非常に似ている分析を提示する。〔中略〕ヒュームが到達した因果律の分析は、次のことを帰結する。すなわち、諸々の原因は自然のなかには起こらない、と。むしろ自然は、あるいは自然に関するわれわれの経験は、孤立した出来事に（あるいは、より厳密には、諸々の出来事に関する個別の知覚に）存する。つまり、諸々の原因は、単純に諸々の出来事の諸々の組み合わせのあいだの諸関係である。〔中略〕因果的な関係の、疑われている必然性は、ヒュームによって、純粋に心理学的な起源のものであり、もっぱら心の習慣にあるものとして、躊躇なく分析された。(Danto, 75)

このダントーによるヒューム哲学の描写が、概ねヒュームその人の見解だとすれば、引用中のヒュームの見解は、大枠ではニーチェの見解と一致する。例えば、『善悪の彼岸』で、ニーチェは原因と結果について次のように述べている。

「それ自体」として「因果的なつながり」とか「不可避性」とか「心理的不自由」とかのなにものも存在しない。そこには「結果が原因に」従うこともないし、それを支配する「法則」もない。原因、連続性、相互性、相対性、強制、数、法則、自由、根拠、目的を捏造したのは、私たちである。（KSA 5, 36）

このように、原因と結果の連鎖が、認識される側に実在せず、「心の習慣」によって、あるいは「私たち」の「捏造」によって、認識する側で構成されると考える点で、たしかにニーチェとヒュームは似ている。[1]

しかし、この程度の類似性は、懐疑主義的傾向のある思想家のあいだに、よく見られるものではなかろうか。だから、ニーチェが諸々の見解を「ヒュームから当然引き出していた」というダントーの見解を、ヒュームからニーチェへの影響史についての見解として、重く受けとめるべきではない。ダントーの推測の意味は、ショーペンハウアー経由でカントを知っていたニーチェが、経験論と懐疑論に関する哲学史的教養をもっていた、という程度に解するのが妥当であろう。

さて、前述のように、ニーチェがヒュームに影響されたと主張できる直接的な証拠は、ニーチェ全集中に存在しない。ただし、ニーチェがヒュームを読んでいた証拠はある。というのも、ニーチェは、『反時代的考察』の第二篇「生に対する歴史の功罪」のなかに、ヒュームから一つの文言を引用しており、さらにまた、この著作を準備する遺稿断片中に、その文言を含む三つの文言の書き写しが存在するからである。これらのヒュームからの三つの引用は、いわゆる初期ニーチェと言われる、ニーチェ哲学の形成過程のノートに存在し、それゆえニーチェ哲学の形成に、なんらかの役割を果たしたのではないかと推量される。

本稿の課題は、ニーチェ哲学の展開における萌芽段階の初期ニーチェから本格的な哲学者ニーチェへの発展段階に向かう一つのターミナルを、初期ニーチェの『反時代的考察』の第二篇「生に対する歴史の功罪」のどこかに特定することである。結論としては、この著作中の、超歴史的な人間が実在したギリシア文化を学ぶ、主体的・主観的な学びの体験としての経験の提起にターミナルは見出される。

この課題を果たすために、遺稿断片中の三つのヒュームからの引用メモを手掛かりに、『反時代的考察』第二篇執筆時のニーチェの状況を踏まえつつ、同作の解釈を進めたい。

一　遺稿断片集におけるヒュームからの引用の概要と『反時代的考察』第二篇「生に対する歴史の功罪」執筆時のニーチェの状況

ニーチェがメモしたヒュームの三つの文言は次の通りである。整理のために、それぞれに、メモA、メモB、メモC、のラベルを付すことにする。

メモA：御自身に、あるいは知りあいのどなたにでも尋ねてごらんなさい」とヒュームは言っている、「最近の十年あるいは二十年の生活をもう一度やってみたいと思うかどうか。思いませんね！　でもこれからの二十年はもっとましになるのではないでしょうか、という答えがかえってこよう――

醸造のはじめの力強く流出する飲料が与えることのできなかったものを、人生の残りかすの中から得ようと望む。」（三三二頁と次頁）[2]

メモB：この世界はより高い尺度で比較すればひどくもろく不完全である。この世界はまだ若年だった神が最初に創った試作品だった。そこで神は出来損ないの仕事ぶりを恥じてこれを見捨てた。ひょっとするとどこやらの一人前でない下位の神の作品で、より高位の神々の嘲笑の的であるかもしれない。あるいはまたこの世界はひょっとすると耄碌した老人の、よる年波に腰も曲がった神の一人の、おそまきにつくった子供かもしれない、そして最初はずみを与えられこの神が与えてくれた力だけの活動をした後は、老神様が死んでしまうとあとは運を天に任せて動きつづけてきたのかもしれない。（三三四頁）[3]

メモC：もし火星人でもこの地球に難破してたどりついたら、そいつに地上の苦しみの典型を見せるために、私は彼を病人の満ち溢れた病院、あるいは犯罪者や破産者やらで一杯になった監獄、あるいはいたるところ死体の散らばっている戦場、洋上で沈没しつつある船隊、暴政と飢餓とペストで死滅しつつある民族を見せてやるだろう。だがこの人生の明るい面を見せて異邦人にこの人生の楽しさの何たるかを教えてやるためには―いったいどこへ連れていったらいいのだろうか？ 舞踏会か、オペラか、それとも宮廷か？そんなものを見せたところでこの異邦の人が、私が別の苦労や心労をみせようとしたのだと信じるのも当然だろう。（三三四頁）[4]

これら三つのメモは、一八七三年の夏から秋にかけて成立した遺稿断片集に記されており、メモAの詩文を除きドイツ語で書かれている。メモはほぼヒュームからの引用文のみで、ニーチェのコメント等はない。メモAは、同年秋から翌年の冬にかけて成立した、歴史的知識を考察する比較的長い草稿に組み込まれ（KSA 7, 727）、さらにその草稿は、『反時代的考察』の第二篇「生に対する歴史の功罪」[5]「二」の構成要素となる（KSA 1, 255）。

三つのメモの出所はすべて、ヒュームの『自然宗教に関する対話』である。この著作は、三人の登場人物が宗教的諸問題について行なった討論を、その場にいた若者が友人に手紙で報告するという体裁をとっている。三人の登場人物とは、ア・プリオリな論証を用いるデメア[6]、ア・ポステリオリな論証を用いるクレアントス[7]、懐疑主義の論法をとるフィロ[8]である。作中、デメアも十分な量の発言をしているが、興味深いのは、クレアントスとフィロの対決である。クレアントスの論証の方針を、フィロが批判的観点からまとめている。すなわち、クレアントスは、「同様な結果は同様な原因を証明する」という「経験に基づく論証」を唯一の神学的論証とみなし、[9]「いかなる事実問題も経験によるる以外には証明されえない」とするので、「神の存在」も経験的に証明するしかない。[10]フィロの批判は巧妙である。彼は、経験論的論証の基本方針、すなわち、「事実に関するあらゆる推論が」「経験に基礎を置いている」こと、「一切の実験的［経験的］論考が仮説に基づいている」こと、「類似的結果が類似的原因を証明する」こと、といった方針そのものは議論の俎上に乗せない。[11]しかし、実のところ、フィロは、経験に依拠することで物理法則が論証されることさえも疑っている。[12]クレアントスが、「神人同形同性論者」とデメアにも批判されながら、[13]経験論的に堅実に論じる主張を、フィロが、特定の立場・方法に執着しない、懐疑主義者の自由な弁舌で軽やかに遊撃していくことで、討論は動いていく。

フィロのディベートの仕方は、晩年のニーチェ哲学の主軸を成す、価値的パースペクティヴ主義に基づく、諸価値の価値転換のパフォーマンスを想起させる。この著作全体が、そして三つのメモすべてが、いかにもニーチェ好みなのである。メモAは、人間の惨めさについての、後のニーチェならニヒリズムと呼びそうな、デメアのセリフである。メモBは、フィロ（と彼の悪乗りに付き合ったクレアントス）が次々と提示する、諸々の世界創造のアイデアの一つであり、クレアントスの経験論を神人同形説と批判するフィロが、その説に立てばどんな創造神もどんな世界も想定可能であることを示すために展開する、ディベートの一部である。ニーチェが『悲劇の誕生』の「芸術家の形而上学」(KSA 1, 17) で展開した、苦悩する神による世界創造説は、メモBの成立前に公刊されている。しかし、もしかするとヒュームに触発されたのではないかと勘繰りたくなる。メモCは、メモA同様、惨めなこの世についてのデメアのセリフである。しかし、ニーチェが引用した部分だけを読むと、後年のニーチェの道徳批判の諸々の主張の祖型ではないかと思えてくる。例えば、『善悪の彼岸』で、ニーチェはこう述べている。すなわち、「道徳的現象などはまったくない。そうではなくて、ただ現象の道徳的な解釈がある」(KSA 5, 92)、と。この主張は、ほとんどメモCの一般化のようであり、メモCはこの主張の説明のようである。実は、『自然宗教に関する対話』には、エピクロスの説を改変した永遠回帰論への言及まである。[14] シルス・マリアの神秘体験以前に、ニーチェは、少なくとも一度ヒュームのこの著作から、永遠回帰論を教えられていたことになる。

三つのメモを書いた時期のニーチェの状況は、込み入っている。前年にニーチェは『悲劇の誕生』を発表した。しかし、その内容が流行の音楽家ヴァーグナーへの賛美とみなされ、古典文献学の学者サークルから追放されてしまう。前述のように、メモAは、最終的に『反時代的考察』の第一篇に組み込まれた。『反時代的考察』は、学者としての社会的地位を失ったニーチェが、「教養俗物」(KSA 1, 165) の闊歩する普仏戦争後の文化状況に対して、はっきりとヴァーグナー陣営に立って書いた連作評論集である。教養俗物への言及は第二篇にもあり (KSA 1, 326)、メモAは、「歴史的人間」に対する論駁の文脈で利用されている。『反時代的考察』は、十三篇の大連作になる構想もあったが（KSA 7, 744）、結局、ニーチェはヴァーグナーのサークルからも飛び出してしまい、第四篇までで終結する。『反時代的考察』の次の著作は『人間的な、あまりに人間的な』であり、いわゆる中期ニーチェと言われる新しい段階が始まる。[15]

ニーチェ思想の全行程を俯瞰的に見れば、『反時代的考察』執筆の時期は、中期以降の独自性を発揮する展開への準備期間であり、学びの時期である。全集の遺稿断片集の三つのメモの周辺には、彼の専門分野である古典の人々とショーペンハウアーは当然として、ゲーテ、シラー、ヘーゲル、ヘルダーリン、ニーブール、グリルパルツァー、E・フォン・ハルトマンなどの名前が並んでいる。『反時代的考察』の第二篇は、この広範な学びを歴史批判という目的で整理した著作である。この著作には、哲学的熟慮の点では疑問があるが、若い学者による時評的な同時代批判としての魅力がある。まずはメモAが関係する「歴史的なもの」の解明から、この著作の解釈を始めたい。

二　初期ニーチェの歴史（学）批判

前述のように、メモAは、『反時代的考察』の第二篇「生に対する歴史の功罪」に組み込まれている。そのなかで、ニーチェは、メモAで描出されている人物、すなわち、現在と直近の過去とに不満足なのに覇気のない態度で未来に期待を寄せる人物を、非難されるべき「歴史的」人間の事例とみなす。引用詩文は、こうした人物に対するニーチェの反時代的な立場を代弁している。ニーチェは、自身が「力強い歴史的な時代傾向」（KSA 1, 246）に合わないと自覚している。彼の提示する考察が「反時代的」と形容されるのは、時代が誇りとする歴史に関する教養を、「時代の欠陥」と理解するからである（KSA 1, 246）。ニーチェの考えでは、当時のドイツ文化は、一世代に渡る歴史主義的な時代傾向（KSA 1, 246）の結果、「歴史的な熱」（KSA 1, 246）、「歴史的な病」（KSA 1, 329）にかかっている。

ニーチェの、出来する力の残り滓からなにかを得ようとする歴史的な者を否定する判断基準は、『反時代的考察』第二篇冒頭のゲーテからの引用に要約されている。

ところで、私の活動性を増すこと、あるいは直接に活性化することなしに、たんに私に教授するものすべては、私には嫌なものである。（KSA 1, 245）

この言葉とともにニーチェが『反時代的考察』第二篇で始めるのは、「歴史の価値と無価値に関する考察」である。ニーチェは、なぜ「活性化することなしの教訓」、「それにおいて活動を弛緩させられる知」、「高価な認識過剰と贅沢としての歴史」が、「嫌なものでなければならないのか」と問う。

われわれは、それを［歴史］を生と活動のために用いるのであり、生と活動からの安易な離反のためではないし、あるいは利己的な生と臆病で悪い活動の言い繕いのためではまったくない。ただ歴史が生に奉仕する限りでのみ、われわれはそれに奉仕することを欲する。（KSA 1, 245）

つまり、歴史を診断する評価基準は、それがいかに生を賦活するかにある。処理できないほど多すぎる過去の知識、知ったがゆえに生きる活力を低下させる過去の知識、知っていること自体が自慢であるような過去の知識は、生きることから人を逃避させ、生を衰微させる。ニーチェは、「古典文献学者」（KSA 1, 247）として、すなわち、「ギリシア時代の弟子」であり、時代の子としての自分を超えた「反時代的な経験」（KSA 1, 247）をもつ者として、「時代に反する」ことで、「時代に向かい」「来るべき時代のために」（KSA 1, 247）、歴史主義的な文化状況を批判する。つまり、過去の知識を正しく用いた「文化のギリシア的概念」（KSA 1, 334）を知る古代の文化史に関する歴史学者として、その専門知識を正しく使い自身の生を賦活して、同時代の歴史的知識の利用方法を批判するのである。

ニーチェは、歴史的なものに対抗する、正しい過去の知識の利用方法を、二つの力と、三つの種類に分類して説明する。二つの力とは、「非歴史的なもの」と「超歴史的なもの」という「歴史的なものに対する解毒剤」（KSA 1, 330）である。三つの種類とは、三つの観点から見られた、生きているものに属する次のような歴史である（KSA 1, 258）。すなわち、活動し努力するものとしての生きているものに属する（KSA 1, 258ff.）「記念碑的歴史」、保持し尊敬するもの（KSA 1, 265ff.）に属する

「骨董的歴史」、受難し解放を欲するものに属する（KSA 1, 269ff.）「批判的歴史」である。

「非歴史的なもの」とは、「忘却でき、境界づけられた地平に自身を閉じ込める技術と力」である（KSA 1, 330）。『反時代的考察』第二篇の本論は、「非歴史的な」（KSA 1, 249）動物の生を歴史的な人間の生よりも評価することで始まる。動物の生は、体験を「忘却」（KSA 1, 248）し、「一瞬」（KSA 1, 248）につなぎとめられている。動物のように、「ほとんど記憶なしに生きること、それどころか幸福に生きることは可能である」（KSA 1, 250）。対して、「忘却なしに生きることは、まったく不可能である」（KSA 1, 250）。例えば、忘却する力がまったくない人間がいるとすれば、その人は、あらゆるところに生成を見るのみである（KSA 1, 250）。本来点であるべきものを相互に入り混じりながら流れる運動にしか見られず、自分自身の存在をも信じない。こうした人は、「ヘラクレイトスの真の弟子のように」（KSA 1, 250）、指一本動かせない。つまり、ニーチェが動物の生を事例に指摘するのは、生きるために、それどころかそもそも生者として存在するために、忘却は必要であるということである。ニーチェはこう述べている。「非歴史的なものとは、包み込む雰囲気に似ており、生はそのなかでのみ生まれ、この雰囲気の破壊によって再び消滅する（KSA 1, 252）。

とはいえ、人間が動物のように完全に非歴史的に生きることはできない。「非歴史的なものと歴史的なものは、個々人の、民族の、文化の健康にとって、同じくらい必要である」（KSA 1, 252）。肝要なのは、次のテーゼを心得ておくことである。

人間であろうと、民族であろうと、文化であろうと、生きているものが害を被り、最後には滅びる、そうした不眠の程度、反芻の程度、歴史的感覚のある度合いが存在する。(KSA 1, 250)

生が耐えうる意識的な記憶の量の度合いは、その生きているものの「造形力」(KSA 1, 251) の大きさによって変わる。生きているものの生を賦活する知識という負荷の量は、一定ではない。その見極めには熟慮を要する。したがって、「生がどの度合いまで歴史の奉仕を必要とするかという問いは、人間、民族、文化の健康の概念における、最高の問いであり配慮である」(KSA 1, 257)。

人間が記憶能力を捨てて完全に非歴史的になることは、ニーチェも想定していない。ニーチェが、メモAの歴史的人間 (KSA 1, 255) に対抗して持ち出すのは、「超歴史的な」人間である。超歴史的な人間は、歴史のような「過程」に「癒し」を見ない (KSA 1, 255)。そうした人にとっては、「世界は、個々の一瞬それぞれすべてに完成し結末に達する」(KSA 1, 255)。メモAの歴史的人間は、生きているものの主体的活動とは関わりなく、世界がある種の過程として展開し、しかもこれからの二十年の生はもっとよくなると思う、素朴な進歩史観の持ち主である。対して、「超歴史的な立場」(KSA 1, 254) に立つ者は、歴史を過度に真面目に受け取るという病から癒えた者である (KSA 1, 254)。そうした者のもつ「超歴史的な」ものとは、「生成から視線を外させて」、今在るものに、「永遠のもの」と「同様のもの」の特徴とを付与するものへと、すなわち「芸術と宗教」へと人を向かわせるような、権力である (KSA 1, 330)。

歴史的なものに対抗する三つの種類の歴史の一つ、記念碑的歴史は、前述のように、活動し努力するものに属する。それは、「偉大な戦いを闘う者」であり、「模範となる者、教える者、慰めとなる者を必要とする」にもかかわらず、「それらを仲間にも現代にも見出すことのできない者」（KSA 1, 258）である。記念碑的歴史において学ぶものは、「個々人の闘争における、偉大な瞬間が鎖を形成し、そのなかで数千年にわたり人間の連山が結ばれていること」（KSA 1, 259）を知る。そこでは、「記念碑的な歴史の困難な松明競争」（KSA 1, 259）が行われている。記念碑的歴史の構想には、ショーペンハウアーの「天才―共和国」（KSA 1, 317）の影響が見られる。ニーチェはこう述べている。

歴史の使命は、巨人たちのあいだの仲介者であることであり、再三再四偉大なものの製造のためのきっかけを与え、力を貸すことである。否！　人間の目標は、終点にはありえない、そうではなくただその最高の諸範例にのみありうる。（KSA 1, 317）

ニーチェにとって正しい歴史とは、こうした歴史上の「巨人」「最高の諸範例」を、まるで高山の頂上を繋げるように結びつけたものである。そして、骨董的歴史に属する、保持し尊敬する者は、この正しい歴史のなかで誕生した、自分の存在に感謝する。そうした者は、「自分がどこから来たのか、どこへと成長したのかを信義と愛を持って振り返る者」であり、「このような敬虔を通して、いわば自身の存在に感謝する」(KSA 1, 265)。

こうしたニーチェの歴史理解から、あらゆる些事を内包しつつ線的に進歩する「世界過程への、個人性の完全な献身」(KSA 1, 312, 324) を説くフォン・ハルトマンの哲学は、批判される。「彼の有名な無意識の哲学」(KSA 1, 314) の流行によって、「世界過程のピラミッド」上で誇らかな近代的人間 (KSA 1, 313) は、自己満足を得られた。ニーチェは、繰り返し「世界過程」(KSA 1, 308, 319) に言及し、批判している。世界過程の一部であることで満足する近代的人間の登場は、これ以上危険なものはないヘーゲル哲学の影響とみなされる (KSA 1, 308)。ニーチェは次のように述べる。

ヘーゲルにとって世界過程の頂点と終点は、彼自身のベルリンの生活のなかで一致した。そうだ、彼は次のように言わねばならなかった。すなわち、彼ののちに来る事物すべては、本来的に、ただ世界の歴史のロンドの音楽的なコーダとして、より本来的には、余計なものとして、見られるようになるであろう、と。彼はそうは言わなかった。その代わり彼は、彼に徹底的に酵母を練りこまれた世代に、「歴史の権力」を前にしたあの驚嘆を植えつけた。(KSA 1, 308f.)

たしかに、ヘーゲルの歴史哲学を敷衍して、今が歴史過程の頂点であるとしたのは、フォン・ハルトマンのようなヘーゲルの追従者たちであった。しかし、歴史が、たんなる学問以上のもの、すなわち「歴史的な権力の宗教」(KSA 1, 309) となるほどまでに、個々人の命運を支配する歴史の力を世に知らしめたのは、ヘーゲルである。やはり、ニーチェの時代に残るヘーゲルの歴史哲学の影響は、『反時代的考察』第一篇のダーフィト・シュトラウス批判のときに「ヘーゲル的性質」（KSA 1, 191）という病が問題であったように、ニーチェの哲学活動の開始時には避けては通れない問題であった。

本節で見てきた青年ニーチェの主張を要言すればこうなる。生を賦活する歴史をよいとする基準から、メモAで描写されている無気力で満足した歴史的人間は、それを生み出したヘーゲルの影響とども、批判されねばならない。ヘーゲルの影響とは、過去を過大に評価する傾向を生み、常に今が頂点である世界史の過程の部分に個々人を貶めたことである。対して、賞揚されるべきは、偉大なものを生み出す造形力をもつ、生に奉仕する歴史である。ショーペンハウアーに触発されてニーチェが提起する、その歴史の内容は、偉大な人物の連なりである。この歴史に属する者は、自分がその連なりの末に存在していることに感謝する。この正しい歴史と共に生きる人間は、非歴史的なものの価値を知る、歴史の偏重を脱した超歴史的な人間である。

では、どうやって人間は、超歴史的な境地に達するのか。次節では、この問いを追究するために、ニーチェの歴史批判の根底にある、科学批判について見ていきたい。

三　初期ニーチェの科学批判

時代を支配するヘーゲルの影響を脱するためには、生のための歴史の三つの種類の一つ「批判的歴史」が必要である。人間は、生きるために、「過ぎ去ったものを破壊し解消する力」をもち、ときには使用しなければならない（KSA 1, 269）。その力で、過去を法廷で裁くのは、「正義」ではない。裁くのは、「生のみ、すなわち、あの暗く、追い立てる、飽くことのない、自身を熱望する権力のみ」である（KSA 1, 269）。ニーチェにとって正しい歴史とは、正義ではなく生の管理する歴史である。ニーチェは、『反時代的考察』第二篇の終盤に、生と知の優劣について端的にまとめている。

さて生が認識を、科学を支配すべきなのか、認識が生を支配すべきなのか？　両方の権能のうちのどちらがより高いもの、決定的なものなのか？　次のことは、誰も疑わないであろう。生がより高く決定的な権能である。というのも、生を滅ぼした認識は、同時に自分自身を滅ぼすであろうから。認識は生を前提する［後略］。（KSA 1, 330f.）

動物のように認識なしでも生きることはできる。しかし、生きていなければ認識することはできない。ニーチェが繰り返し主張するのは、この俗世間的な常識とも言える見解である。ニーチェ自身がテーゼとしてまとめた次の三つの見解は、こうした生の優位性を説く見解の、歴史に焦点を絞った応用である。

歴史的現象は、純粋かつ完全に認識され、認識現象に解消されるとき、それを認識した者にとっ

て、死ぬ。(KSA 1, 257)

歴史[16]が、純粋科学とみなされ統治者となると、人間にとっては生の卒業であり決済であろう。(KSA 1, 257)

歴史は、それが生への奉仕に存する限りで、非歴史的な権力への奉仕に存するのであり、それゆえ、この従属においては、数学が純粋科学であるようには、純粋科学には決してなりえないし、そうなるべきではない。(KSA 1, 257)

認識よりも生きることが優先されるという序列が、過去の知識に関して逆転した原因は、一つは先に見たように、ヘーゲルの影響である。もう一つの原因は、「科学」である。

本来、過ぎ去ったものを認識することは、いつでも「未来と現在への奉仕」においてのみ求められ、現在を弱体化したり、生き生きとした未来を根絶したりするために求められることはない(KSA 1, 271)。しかし、「歴史は科学であるべきである」という要求によって(KSA 1, 271)、この序列は逆転する。ニーチェによれば、今では「生は滅びても、真理は行え」(KSA 1, 272)と言われている。その結果、近代的人間は、たくさんの不消化の、石のような知識を引き摺っている(KSA 1, 272)。近代的人間の誇る「内面性」(KSA 1, 273)とは、「空腹でもないのに、欲求に反して、過剰に受け入れられた知」（KSA 1, 272）のことであり、その知は「もはや変形する動機」「外部に駆り立てる動機」として作用することはない（KSA 1, 272）。つまり、科学的に客観的な知識を精神に溜め込んだ近代人は、その知識に駆動されてなにかを創造したりはしない。

ニーチェの見方では、科学の問題は、「諸事物の観察」のみを、「真の、正しい観察」とみなすところにある（KSA 1, 330）。科学的な「観察」は、あらゆるところに「生成したもの、歴史的なもの」を見るが、どこにも「存在するもの、永遠なもの」を見ない（KSA 1, 330）。「存在」「永遠」ではなく「生成したもの」「歴史的なもの」を見るということは、理念を排して事実を見るということ、つまり、科学をはっきりと芸術や宗教と分けることである。それは一般には、科学の強みとみなされている。しかし、ニーチェは、観察の客観性という実証科学のアイデンティティの一つを、猛烈に批判する。まだキャリアの転換期にある若手研究者にすぎない彼は、歴史的「客観性」（KSA 1, 285）を論じるなかで、後年の哲学者ニーチェを思わせる見解を提示する。

語の最高の解釈に際してさえ、「客観的」にはある一つの幻想が紛れてはいまいか。人はこの言葉を歴史学者の次のような状態と理解する。すなわち、その状態のなかで、彼はある出来事をその動機と結果のすべてにおいて、その出来事に彼の主観がまったく影響を及ぼさないほど純粋に、直観している、と。つまり、人は、それによって画家が、嵐の風景のなかで、稲妻と雷鳴の下で、あるいは荒れた海の上で、彼の内的な像を観るあの現象を思い、諸事物への完全な没入を思う。けれども、このように調子を整えられた人間に諸事物が示す像が、諸事物の経験的な本質を再現するというのは、迷信である。あるいは、あの瞬間に、諸事物がいわばそれ自身の活動性をとおして、純粋に受動的に写生され、模写され、撮影されるとでも言うのか。（KSA 1, 290）

ニーチェの考えでは、主観の影響がない純粋に客観的な認識も、完全に受動的な認識者も、幻想なくしては存在しない。客観的な観察という概念は、自然の描写に没頭することで無私の状態にある画家の経験を、本当に画家の主観（私）がなくなり自然と一体化しているとみなすような誤り（あるいは願望）に基づいて成立している。仕事に没頭している画家は、自分を感じていないだけで自然に溶けて消えたわけではない。完全に受動的な、直観する認識者の精神に、認識対象がその本質を経験的に再現する、そんな客観的でしかない観察が実際に成立すると思うのは、端的に「迷信」である。

科学の標榜する客観的な観察は、それが純粋なものとして実現するならば、生を「卒業」「決済」してなお行う、生きているものの行為である。それは、死して生きるということであり、通常の人間の能力を超えている。それをなしうる科学者は、普通の人間ではない。ニーチェは、実際に科学者は、普通の人間とはみなされていないと指摘する。ニーチェは、こう述べる。

この意味で私たちはまだ中世に生きており、歴史はなおも常に偽装した神学である。非科学的な門外漢が科学的なカーストを待遇する際の畏敬の念が、聖職者から継承された畏敬の念であるの

と同様に（KSA 1, 305）

後年の価値転換者ニーチェならば、この文言に続けて、客観的な認識と受動的な認識者を幻想し、科学という新宗教の支配する文化に生きる近代的人間の、その生の価値をデカダンスと断じるかもしれない。もちろん、青年ニーチェは、生の価値を判断する練られた用語をもっていない。しかし、すでに、認識の純化を攻撃の標的とする『反時代的考察』第二篇においても、ニーチェは、単純な反知性主義の立場で認識を批判しているのではない。

前述のように、非歴史的な「雰囲気」（KSA 1, 254）に言及するニーチェが体現しているのは、認識の根拠としての経験を可能な限り客観的にする知性の働きではなく、生きるための認識には幻想が必要であると認める知性の働きである。

> 歴史的な感覚は、それが制御されずに支配し、それのすべての結論を引き出すとき、未来を根絶させる。というのも、それは、幻想を破壊し、存立する諸事物から、そのなかでのみ諸事物が生きることのできる、それらの雰囲気を奪うからである。（KSA 1, 295）

> すべての生きているものは、自分の周囲にある雰囲気を、秘密に満ちた靄を必要とする。（KSA 1, 298）

このように、生を「包む雰囲気」(KSA 1, 323) や「一時逃れの嘘」(KSA 1, 327) が、「保護しヴェールをかける雲」(KSA 1, 298) として、生には必要であると述べるとき、ニーチェは、知を殲滅したいのではない。「生に対する歴史の功罪」において彼は、後年の諸価値の価値を問う議論でのように(『道徳の系譜』)、知るという、高価値と一般にみなされているものの「有用性と不利益」(「功罪」)を述べているのである。もちろん、生きるためには幻想にすぎない雰囲気が必要だと青年ニーチェが指摘するとき、それが意味しているのは、場合によっては真理よりも虚偽が役立つという世間知、すなわち、「幾らかの妄想なしには成功しない」(KSA 1, 298) という生きる知恵であり、哲学的思想というほどのものではない。しかし、知の価値を論じる知という、今後ニーチェ哲学で重要となるメタ議論の場を、青年ニーチェがすでに構築していることは、ニーチェ哲学の発展史の観点から興味深い。

さて、本節で見た、青年ニーチェの科学批判の主張を要言すれば、以下の通りである。主観を排した客観的な観察に正しさの根拠を見出す科学は、純化すれば生に対立し、生を滅ぼす。生の存続のためには、そうした観察で排除される、雰囲気、幻想、靄、嘘、妄想、すなわち事実として真でないものが必要である。そして、科学的思考方法の重要な要素である客観的な観察もまた、主観を滅して対象に没入するという不可能事を可能とする迷信を含み、科学は、その不可能事を可能とする科学者という畏敬の対象をもつ、新しい宗教になってしまった。

次に、こうした科学批判を踏まえて、前節で提起した問題、いかにして超歴史的な境地に至れるかに答えたい。そのうえで、本稿の課題、すなわち、初期ニーチェから哲学者ニーチェへの発展段階に向かうターミナルの一つを特定するという課題を達成したい。

おわりに

『反時代的考察』の第二篇「生に対する歴史の功罪」における著者ニーチェの立ち位置は、世代論的である。ニーチェが訴えかけている相手は、新しい時代の「初穂」(KSA 1, 311) であり「私たち第一世代」(KSA 1, 328) であるところの、自分も含む「若者」(KSA 1, 324, 331) である。ニーチェは、「私は考える、ゆえに私はある」と言う資格は自分にあるかもしれないが、「私は生きている、ゆえに私は考える」と言うことは自分にはできないと率直に認める (KSA 1, 329)。その上で彼は、「私にまず生を与えよ、次にそこから私は君たちにまた文化を創造しよう」(KSA 1, 329) と、青年らしい自負心を示す。

これらの文言から、あるいは『反時代的考察』第二篇のタイトルに自明なように、ニーチェがこだわるのは「生」である。しかも、それは、彼自身も含む若者の生、それもまだ当の若者が手に入れていない、理想的な生である。ニーチェは、その生を、古代ギリシア文化に見出せると考えている。しかし、古代ギリシア文化を、実証科学化した古典文献学の手法で理解しても、知識が増えるだけで生は見出せない。青年ニーチェが示すのは、瞑想風の方法である。まず、「個々人は、自身のなかのカオスを、彼自身が自分の本当の欲求に立ち戻り熟慮することを通して、組織化しなければならない」（KSA 1, 333）。そうすれば、「文化のギリシア的概念」は、ヴェールに包まれていた本当の姿を現す（KSA 1, 333）。そして、個々人は、この「自分自身の経験から」（KSA 1, 334）、ギリシア文化が他の文化に勝る強さが、「習俗的な本性のより高い力」（KSA 1, 334）にあることを学ぶ。

ここでニーチェの述べている「経験」は、自身を突き動かす欲求を知って自身を統御することで、概念が自ら秘匿する真理を公開するという学びの方法である。『この人を見よ』（一八八八年）の「啓示」や「インスピレーション」を想起させ（KSA 6, 339f.）、永遠回帰の体験をも想起させるこの学びの方法ならば、得られた知は精神に死蔵されず、生を賦活する力をもつであろう。そして、この種の経験で知りえた「文化のギリシア的概念」とは、新しくてよりよい「ピュシスとしての文化」を意味し、「生、思考、仮象、意欲の一致したものとしての文化」（KSA 1, 334）を意味する。経験を読書で代用する私たち読者に、青年ニーチェは言葉で説明してはくれないが、自然である文化、あるいは、生きること、考えること、現れること、欲することの区別がない文化は、『反時代的考察』第二篇の本論冒頭に描かれた幸せな動物に知性を加えた有り様を示していると推察される。動物のように一瞬に縛られるのでもなく、歴史的人間のように時間軸のすべての点に縛られるのでもない、忘却と記憶の熟慮されたバランスを保てる者は、たしかに「超歴史的な」人間と呼ばれるにふさわしい。したがって、超歴史的な境地に至る方法とは、自己の欲望を熟慮し自己を統御する経験を通して、かつて超歴史的人間の実在したギリシア文化を学ぶことなのである。

さて、青年ニーチェの述べる新しい「経験」は、端的に言えば、知を体得するための主体的・主観的な「体験」である。それは、主観内での自己統御の出来事であり、ヒュームの『自然宗教に関する対話』でクレアントスが論証の根拠とする経験とは異なり、知の真理性の客観的な証拠となることを想定されていない。この、学びにおける主体的・主観的な体験としての経験の提起に、初期ニーチェから離れ、それ以降の本格的な思想家としての活動につながる、ニーチェ哲学のターミナルがある。というのも、この経験論的な経験から変容した体験としての経験に、後年のニーチェの思索が続くからである。例えば、この体験的な学びの方法に、後年の、意識の奥底にあるものに関する、心理分析が続く。あるいは、この体験的な学びで直面した欲望の理解から、力への意志等の新概念を用いた、存在の有り様の探究が続く。さらには、ギリシア文化の強みを習俗的な強い本性に見出したときのような習俗への関心が、学者世界とヴァーグナー・サークルとのもつれた関係からの脱却とともに始まる、中期ニーチェ哲学の主要なテーマとなっていく。

ヒュームからのメモAは、「超歴史的なもの」という概念の形成過程に存在し、それゆえ、『反時代的考察』第二篇のターミナルの形成に直接寄与している。また、著作では未使用のメモBとメモCは、メモにさえならなかったフィロの永遠回帰思想に関する言説とともに[17]、青年ニーチェに、将来の哲学者ニーチェのあるべき姿を範例として示しているように見える。ヒュームの自然宗教論からのニーチェの学びは、ダントーが述べるような因果関係に関する両哲学者の漠然とした類似以上に、ニーチェへのヒュームの影響を考える上で重要ではなかろうか。

ニーチェはしばしば二十世紀思想の先駆者とみなされるが、もしこれが正しい評価ならば、ヒュームの『自然宗教に関する対話』からの引用に支えられて成立し、経験概念を、主体的・主観的な体験としての経験に変容したこのターミナルに、二十世紀思想の始まりの一つがあると言えよう。

註

ニーチェのテクストは次のものを用いた。Friedrich Nietzsche, *Sämtliche Werke Kritische Studienausgabe in 15 Bänden*, hrsg. von Giorgio Colli und Mazzino Montinari, dtv/de Gruyter, Berlin/New York, 1988. ニーチェのテクストからの引用参照は、これを、KSA、と略し、その後ろに巻数を付記する。ただし、メモA、メモB、メモCの引用註は、大河内了義訳『ニーチェ全集』第四巻（第Ⅰ期）、白水社、一九八一年、のページの和数字である。

Arthur C. Danto, *Nietzsche as Philosopher*, New York, 2005. このテクストからの引用参照箇所は、Danto, 頁数を示す算用数字、の形で、本文中に記す。

1　ダントーはこうも述べている。「ニーチェは、ヒュームがそうであったと同じく、因果律の概念はわれわれの経験の外では適用性を有さず、その結果、「客観的原因」という観念は厳密には意味がない、と信じていた」（Danto, 140）。

2　ニーチェの原書ではKSA 7, 667。ディヴィット・ヒューム著、福鎌忠恕・斉藤繁雄訳『自然宗教に関する対話〈新装版〉―ヒューム宗教論集Ⅱ』法政大学出版局、二〇一四年の、一一四頁と次頁、に相当する。

3　KSA 7, 667f。ヒューム著、前掲、六九頁と次頁。
4　KSA 7, 668。ヒューム著、前掲、一一二頁。
5　白水社版ニーチェ全集で「生に対する歴史の功罪」と訳された第二篇のタイトルには、補足説明が必要であろう。「生」と訳されたLebenは、生活と生命をともに意味する言葉である。日本語には対応する語がないため、しばしば哲学では「生」と訳される。「歴史」と訳されているHistrieは、Geschichteと同じように既に生じたこと（出来事・事件）を意味し、同時に、歴史学という学問・科学をも意味する。「功罪」と訳されたNutzen und Nachtheil［原文通り］は、むしろこの著作では、「有用性と不利益」という功利的な意味合いをもつ。したがって、第二篇のタイトルが意味するのは、「生活・生命活動にとっての、既に生じたこと・事件や歴史学の、有用性と不利益」、といったものになる。
6　ヒューム著、前掲、二九、九八頁。
7　ヒューム著、前掲、二八頁。
8　ヒューム著、前掲、一四、一六二頁。
9　ヒューム著、前掲、六三頁。
10　ヒューム著、前掲、八一頁。
11　ヒューム著、前掲、三四頁。
12　ヒューム著、前掲、二九頁。
13　ヒューム著、前掲、二五頁。
14　ヒューム著、前掲、九〇頁。ニーチェの永遠回帰とヒュームとの関係については、拙稿「「生に対する歴史の功罪」の循環説について」（加賀裕郎・新茂之編『経験論の多面的展開』萌書房、二〇二一年、四〇―六二頁、に所収）で論じている。

15 本文で言及したニーチェの著作の発表年は、次の通り。一八七二年に『音楽の精神からの悲劇の誕生』、一八七三年に『反時代的考察』の第一篇「ダーフィト・シュトラウス―信仰告白者・著述家」、一八七四年に『反時代的考察』の第二篇「生にとっての歴史の利害」と第三篇「教育者としてのショーペンハウアー」、一八七六年に同書の第四篇「バイロイトにおけるリヒャルト・ヴァーグナー」、一八七八年に『人間的な、あまりに人間的な』、一八八六年に『善悪の彼岸』。

16 この歴史は、Geshichteである。

17 当時のニーチェは、循環的な歴史理解を軽視していた。KSA 1, 261のピタゴラス派への言及を参照。

後期ニーチェにおけるパースペクティヴ主義の功罪

（二〇一一年発表、二〇二二年改題・修正）

はじめに

本稿の目的は、一八八八年春の遺稿における後期ニーチェ哲学の遠近法主義への関与による変容、すなわち、パースペクティヴ主義としてのニーチェ哲学の成立を、功罪の両面から明らかにすることである。そのために、まずは、歴史的な変遷の観点からの遠近法主義の概要を確認し、次に後期ニーチェのパースペクティヴ主義とはどのようなものかを、ニーチェ哲学の他の主要な概念、すなわち、仮象の世界、力への意志、陶酔、との関係から明らかにする。そのうえで、パースペクティヴ主義化がニーチェ哲学全体におよぼした影響の功績と罪とを示したい。

一　遠近法と近代

マーティン・ジェイは、論文「近代性における複数の「視の制度」」において、近代思想を支配する視覚モデルを示すために、ルネサンスの遠近法技法とデカルトの主観的合理性を綜合し、「デカルト的遠近法主義」と名づけている。[1] ジョナサン・クレーリーは、そのジェイの議論に同調するように、論文「近代化する視覚」において、カメラ・オブスクーラ（暗箱）という単眼用の機械装置が、「世界をありのまま客観的に見ることを土台に知を築こうとするデカルトの探求」と軌を一にしていると指摘する。このカメラ・オブスクーラという装置から得られる思想、すなわち、閉鎖された立体空間のひとつの面の一点に穴をあけ、そこから閉鎖空間内の暗闇に流入する光によって穴と向き合う内壁に映し出される表象こそが正しい世界の姿であり、光の流入する一点こそが、そこから世界が論理的に演繹され表象される絶対確実な視点であるとする思想は、デカルトの「今、私は両眼を閉じよう。耳を塞ごう。あらゆる感覚を無視しよう」という「第三省察」の宣言そのものであるとクレーリーは主張する。[2]

クレーリーの主張は哲学と機械装置との関連に言及する興味深いものである。しかし、思想史的にはマーティン・ジェイのほうが大胆である。というのも、前述のように、彼は、デカルト哲学と、アルベルティが本格的に構築したルネサンス[3]の遠近法技法とを直接結合したからである。ジェイによれば、遠近法技法の一種である「線遠近法」[4]は、「神聖な光（lux）」[5]に魅了された中世後期に由来し、のちに神の世界を示す表現内容が捨象されて、表現内容のために構成された「等方的・直線的・抽象的・均質的」な空間そのものの表現技法が残ったものである。[6]その空間は、二次元平面に描き直すことのできる合理化された三次元空間であり、「視覚のピラミッド」[7]という観念で理解される。それは、二つのピラミッドの底面を合わせた形をしており、そのひとつのピラミッドの頂点が絵のなかの消失点に対応し、もうひとつの頂点が画家や観客の眼に対応するとされる。[8]

アルベルティが空間を平面に描くときに用いた「ヴェロ（velo）」、すなわち、糸を張った幕[9]は、外的現実、すなわち、自然に対応すると考えられてきた。[10]しかし、遠近法技法で描く空間は、人工的なものである。[11]実際、アルベルティの幕は、二十世紀美術において、遠近法の空間の奇妙な人工性を強調する「グリッド（格子）」に発展した。[12] 佐藤康邦によれば、遠近法の空間は、美術の枠を超えた、科学革命の時代の「数学的」「機械論」的自然観を支える空間理論の先駆けである。[13] デカルトはケプラーとともに、もともと絵画論の枠内で数学と関わりの深かったアルベルティの視覚ピラミッドによる視覚の客観的な解明に、解剖学的・光学的な裏づけを与え、[15]『屈折光学』においては、遠近法の技法を見る主体の心理の分析に利用した、と佐藤は述べる。[16] このようにデカルト哲学と密接に結びついた遠近法は、たんなる絵画の技法ではなく、学問的な認識論である。佐藤によれば、「遠近法に従う絵画で探求されたことは」、「閉ざされた経験や習慣に従うのではなく、また実感された視覚に従うのですらなく、無限についてのあらたな把握を含む数学的な手続きと実験的手続きをもって、外界の客観的な像の再現を図るものに他ならなかったのである」。[17]

さて、ニーチェのパースペクティヴ主義といわれるものは、中世の信仰に由来し近代科学へと展開した、このデカルト的遠近法主義と表裏一体の関係にある。カメラ・オブスクーラや視覚ピラミッドの立体がひとつしか存在しないことは、デカルト的遠近法主義においては論証されない前提である。マーティン・ジェイによると、ニーチェなどの十九世紀後半の思想家は、ものの見方の相対性という遠近法主義にひそむ問題を明るみに出し、さらにはその相対性を肯定までした。つまり、ニーチェは、「皆がそれぞれまったく違った覗き穴のついた自分専用のカメラ・オブスクーラをもっている」ので、個々人のパースペクティヴをこえた「超越的世界観」はありえないと嬉々として結論した。[18] 神崎繁によれば、ニーチェの遠近法の相対性は、価値に関わる相対性である。神崎がここで「価値」というのは、生物における個体の生存や子孫の増殖のことである。したがって、ニーチェの遠近法は、この価値に制約された角度からの世界の眺望である。[19] ニーチェの遠近法主義は、「視点の移動に応じて世界そのものの価値的変更を行う仕方」を提起し、遠近法を「光の遠近法」から「力の遠近法」へと転調した。それによって、遠近法は「価値の相対主義の代名詞となった」、と神崎は述べる。[20]

では、このように評されるニーチェの遠近法主義、すなわちパースペクティヴ主義とはどのようなものか。

二　パースペクティヴ主義と仮象の世界

パースペクティヴ主義がニーチェの思考の前面にあらわれてくるのは彼の思想活動の遅い時期であり、その理論的な概要が示されるのは、一八八八年春の遺稿においてである。それは、最晩年の諸著作『偶像の黄昏』や『アンチクリスト』などが成立する直前である。

もっとも、パースペクティヴ主義に基づく価値批判の実行は、それよりも早い。例えば、一八八六年秋に脱稿した『悦ばしき知識』の第五書「われら怖れを知らぬ者」には、人間の知性が自分自身を自分のパースペクティヴ的な形式のもとに見ざるをえず、それも、ただそのパースペクティヴ的な形式のなかでのみ見ざるをえないので、他の種類の知性とパースペクティヴを知ろうとするのは望みのない好奇心である、という主張がある（第三七四節）。一八八七年の『道徳の系譜』の諸論文は、こうした価値批判のなかでも大規模なものである。そこでは、「道徳の価値」（KSA 5, 251）が、すなわち、「道徳的な諸価値の批判」によって「この価値の価値」が問われている（KSA 5, 253）。彼の次のような畳み掛ける問いは、彼の価値批判の主眼の置き所を示唆してくれる。

どのような諸条件のもとで、人間は良いとか悪いとかのあの価値判断を発明したのか？　その価値判断自体は、どのような価値があるのか？　この価値判断は、これまで人間の繁栄を妨げたのか促進したのか？　この価値判断は、生の非常事態、貧困化、退化のしるしなのか？　あるいは、逆に、生の充満、力、意志が、生の勇気、確信、未来が、この価値判断にほのめかされているのか？　（KSA 5, 249f.）

このように、ニーチェのパースペクティヴ主義は価値批判の実行とともにあり、神崎が述べるとおり、価値に関するものである。しかし、神崎が、ニーチェの遠近法主義は事実に関するというよりも価値に関するものだ、と述べるとき[21]、彼は、ニーチェの価値とパースペクティヴに関する熟考に価値と事実の二項対立を持ち込んで、それを浅薄化している。むしろ、ニーチェが価値とパースペクティヴの議論で退けたのは、神崎が「事実」と呼ぶ、価値とパースペクティヴに依存せずに自立する「存在」あるいは「真理」があるとする想定そのものである。一八八八年春の遺稿において、ニーチェは、「パースペクティヴ的なものを差し引かれるときにも、あたかもまだなにかひとつの世界が残存しているかのごとくだ！」（KSA 13, 371）、と苛立っている。

ニーチェのこの価値論的なパースペクティヴ主義は、独特の世界像を構成する。すなわち、仮象の世界である。仮象の世界とは「別の」世界、すなわち「真の」「本質的な」世界（KSA 13, 371）、つまり、そこに存在や真理が在住する真の世界は、虚構であることを、ニーチェは『偶像の黄昏』の一節「いかにして真の世界が最後に寓話になったか」（KSA 6, 80f.）において、歴史物語によって説得する。[22] 遺稿には、仮象の世界が真の世界とともに廃棄されるその歴史物語の結末の、ヴァリアントがある。

> 仮象の世界と真の世界の対立は、「世界」と「無」の対立に還元される。（KSA 13, 371）

このヴァリアントに従うなら、世界とは、端的に言って、仮象の世界のことである。[23] では、仮象の世界とはどんなものなのか。

ニーチェによれば、仮象の世界とは、「価値に従って見られ、整えられ、選ばれた世界」である。そして、「価値に従って」とは、「動物の特定の種族の保存と権力―上昇についての有用性の観点から」ということである（KSA 13, 370）。したがって、仮象の世界の「仮象性」とは、「パースペクティヴ的なもの」によって世界に付与された、すべてが価値を帯びるという特徴である（KSA 13,

371）。仮象の世界は、「あるひとつの中心から出て世界に向かう行動の特殊な仕方に還元される」（KSA 13, 371）。つまり、視覚のピラミッドの頂点からのそれぞれの価値尺度に基づいて行われる特殊な行動のそれぞれの仕方が、仮象の世界を構成する。この世界における「実在性」は、「あらゆる個別のものの全体に対するこうした特殊-行動と特殊-反応行動に存する」（KSA 13, 371）。こう述べることで、ニーチェは、仮象と実在の区別、見かけのものと本当のものの区別を廃棄した。だから、彼には、次のような、頭のよじれるような表現が可能となる。すなわち、「「仮象性」はそれ自身実在性に属している。それはその存在のひとつの形式である」（KSA 13, 271）。

仮象の世界を構成する価値的な行動が実在するものであり、「いまや他の仕方の行動はまったく存在しない」（KSA 13, 271）。「世界」とは、「こうした諸々の行動の総体的な戯れである」（KSA 13, 371）。価値的な行動による仮象の産出は、わたしたちにとって有益である。「存在がひとつもない世界では、仮象を通じてようやく、同一性をもった諸々の場合の、ある計算可能な世界がつくられる」（KSA 13, 271）。つまり、仮象として存在するものが出来することによって、一般的な意味での生きることが可能となるのである。

しかし、仮象は、本来的に存在するものではない。それは視覚ピラミッドの頂点、あるいはカメラ・オブスクーラの穴の一点からの行動によって形成される。この仮象の形成において重要な役割を担っているのが、「動き」という概念である。ニーチェによれば、動きという概念が、行動の世界あるいは「作用の世界」を、「可視的な世界」「眼のための世界」に翻訳する（KSA 13, 258）。というのも、動きの概念には、「なにかが動かされているということ」（KSA 13, 258）が随伴し、[24] そこから「アトム」「物」「自己」という、動きの主体となりうる自立的に存立するものの概念が生じるからである。

ニーチェのこうした推測は、人間の言語に関して、彼が以前から主張してきた一連の見解に連なる。彼は一八八七年には次のように述べている。すなわち、「結果を原因に遡源することは、つまりは、主体に遡ることである。すべての変化は、主体によって出現したものとみなされる」（KSA 12, 19）。「稲妻が光る」という表現の不正確は、変化自体を原因とみなせないわれわれが、光るという作用の原因を探して稲妻という作用者を創作してしまうことによる（KSA 12, 103f.）、と。

三　パースペクティヴ主義と力への意志

パースペクティヴ主義には、この言語論だけではなく、それまでのニーチェの多くの思想が合流している。

仮象の世界の理解には、すでに一八八八年春には議論の熱の冷めていた力への意志をめぐる論考の成果が投入されている。ニーチェは、次のように述べる。

パースペクティヴ主義、それによって、それぞれの力の中心すべてが——人間だけではなく——自ら

残余の世界全体を構築する、すなわち、自身の力と比較し、手で触り、形作る。（KSA 13, 373）
力への意志は存在ではなく、生成でもなく、パトスである。生成、作用が初めてそこから生じる根源的な事実である。（KSA 13, 259）

このように、世界構築の起点となる「根源的な事実」「力の中心」に言及することで、パースペクティヴ主義は、力への意志の哲学を—すなわち、「それぞれの特殊な物のすべて」が、空間全体の支配、その力の拡大を目指している、つまり「その力への意志を拡大しよう」と努めている（KSA 13, 373）、という哲学を—、呑み込んでいく。

しかし、力への意志の哲学としての力への意志への言及と、パースペクティヴ主義の枠内での力への意志への言及とでは、違いがある。

「量子「力への意志」」の構想に関する見解と、パースペクティヴ主義に関する見解を比べてみよう。前者は次のとおりである。すなわち、「それぞれの力の中心のすべてからのよりいっそう強くなろうと意欲することが、唯一の実在性である。—自己を守ろうとすることではなく、わがものにすること、支配者になり、より多大になり、より強くなろうと意欲すること」（KSA 13, 261）。後者は次のとおりである。「それぞれの力の中心のすべてが、残りの全体についてのそれぞれのパースペクティヴをもっている」、だから、「それぞれのまったく特定の価値づけ、それぞれの行動の仕方、抵抗の仕方をもっている」（KSA 13, 371）。後者は、前者よりも俯瞰的な観点からの抽象度の高い説明であり、その抽象度の高さは、力への意志の哲学に対するパースペクティヴ主義の抽象度の高さに対応している。前者は、『善悪の彼岸』で提起されていた、力への意志に「すべての有機的な機能」を遡源する構想（KSA 5, 55）の痕跡を色濃くとどめており、力への意志の哲学の先駆形態である生の哲学[25]と融合している。そのため、前者は、生を主体とした力動的な活動を生々しく感じさせる表現となっている。

ニーチェが、自身の哲学の総括を目指し、無生物も含む世界全体の成り立ちを主題とするとき、力への意志は使いにくいタームである。力への意志というタームがよく機能するのは、それが「心理学の統一構想」のなかで、諸々の「情緒」の本源的な情緒の形式であり（KSA 13, 300）有機体の意欲を説明するものである（KSA 13, 360）、心理学的・生理学的なタームとして用いられるときである。物理学におけるアトム論へのニーチェの批判を読むと（KSA 13, 373）、それは物理学に心理学・生物学からアプローチする場違いなものに思える。力へ意志の哲学が結局は仕上げられず、パースペクティヴにニーチェの関心が向かう思想的な理由のひとつは、力への意志というタームの常識的に許容される適応範囲が、世界全体に言及するには狭すぎるということではなかろうか。

四　パースペクティヴ主義と陶酔

パースペクティヴ主義に合流したニーチェの他の重要な思想としては、『悲劇の誕生』の思想があげられる。

一八八八年春の遺稿には、一八七二年に初版が出版された『悲劇の誕生』について再検討する内容の遺稿群がある（KSA 13, 224, passim）。そのなかで、ニーチェは、後期ニーチェの鍵概念である「力」と『悲劇の誕生』の重要な概念「陶酔」とを結びつけている。ニーチェは次のように述べている。

> 陶酔感情は、実際には、力の増加に相応する。（KSA 13, 293）

> 陶酔と名づけられる快の状態は、まさに高い権力感情である。（KSA 13, 294）

しかし、そもそも『悲劇の誕生』においては、陶酔はこうした「力の増加」や「高い権力感情」とだけもっぱら結びつく概念ではない。一八八六年に『悲劇の誕生』に付け加えられた「自己批判の試み」において、「芸術家の形而上学」（KSA 1, 17）と命名された初期ニーチェの芸術哲学では、陶酔は、「アポロン的なもの」と協同して「ヘラスの本質」と「芸術の発展」とを支配する「ディオニュソス的なもの」(KSA 1, 25f.) が人々にもたらす、忘我の状態をともなう。芸術家の形而上学では、人々に陶酔をもたらす音楽の神ディオニュソスの魔術によって、通常人々を律している個別化の原理は破壊され、「主観的なものは、まったくの自己忘却に消滅する」。それによって、「人間と人間のあいだの結びつき」が回復し、さらには、「疎外され、敵対的であり、あるいは屈服させられた自然」が、「その失われた息子である人間との和解」を祝う (KSA 1, 29)。つまり、人間は、忘我のなかで、自身を創造した根源に再総合されるのである。

芸術家の形而上学において、陶酔は、ギリシア文化、特にアッティカ悲劇の卓越性の説明として機能する。しかし、後期ニーチェにおいて力と関連づけられることで、陶酔とそれのもたらす忘我の状態は、芸術論の枠をこえた世界全体に対する考察の要石となる。悲劇作品のような文化的な産物が具体的に現前する芸術家の形而上学とは違って、仮象の世界とパースペクティヴ主義に関するニーチェの議論は、具体の重みに欠ける。その議論の説得力は、ニーチェ自身がその世界の内部に存在し、しかもその世界がつくられていく過程を知る経験をする者であるという、ニーチェ自身による特殊な自己規定に依存せざるをえない。『偶像の黄昏』におけるオルギア (KSA 6, 159) についての熱の入った言及や、『この人を見よ』における運命愛 (KSA 6, 297) を本性とする自己像の構築は、ニーチェが唐突に神秘主義に転じた印象を人に与えるかもしれない。しかし、それらは、後期ニーチェ哲学の全体的な構成が、その哲学全体の説得力の根拠として要請するものである。つまり、神がかった自己規定は、ニーチェ哲学の理論的な補完である。後期ニーチェは、初期ニーチェの陶酔に関する考察を振り返ることで、自分に必要なものを見いだしたのだ。

では、この理論的に要請された陶酔とそれに随伴する忘我の、後期哲学ヴァージョンとは、どのようなものか。『この人を見よ』では、忘我の状態が「インスピレーション」の体験として描写されている。それは、次のような描写である。

自分の内部にほんの少しでも迷信の名残りを留めているとするならば、人は、実際、自分が圧倒的な力の単なる化身、単なる口、単なる媒体にすぎないという表象を拒絶することを知らないだろう。啓示という概念、それは、名状しがたいほどの確実さと繊細さで最深部のあるものを揺さぶり転覆させるなにものかが、突然可視的になり聞き取り可能になるという意味での啓示であるが、それは、単に事態を記述しているだけである。人は聞き、探し求めない、すなわち、人は受け取り、誰がそこで与えるのかを問わない、つまり、稲妻のように、ある思想が、必然性をもって、躊躇ない形で、急にぱっと輝く、—私は、ただの一度も選択ということを行ったことがない。(KSA 6, 339)

ニーチェは、これに類する経験—自分自身の意識の支配がおよばないどこかから突然重要なものがやって来るという経験—から、彼が「私」と呼ぶものが成り立っていると『この人を見よ』全編を通じて主張する。「ツァラトゥストラ」(KSA 6, 345) という彼の主著の主人公や「永遠回帰」(KSA

6, 335）という主要な思想が、あるいは彼の「個々の性質や諸才能」（KSA 6, 294）や「大学教授」（KSA 6, 295）という職業が、彼の意図、意志、努力とは関係なく彼に到来したとされる。つまりこの「私」は、日常的に陶酔し忘我の状態にあるのである。

これらの描写を読むとき、前述の神崎の思想史的な理解、すなわち、ニーチェによって遠近法が、光の遠近法から力の遠近法へと転調したという思想史的な理解は、疑わしく思えてくる。パースペクティヴから構成される仮象の世界は、「突然可視的になり聞き取り可能になるという意味での啓示」によって、あるいは「稲妻のように」「急にぱっと輝く」形で、つまり、カメラ・オブスクーラの穴から光が差し込むように、出現するのではなかろうか。そして、そのことは、世界が生まれる瞬間をうまくとらえる表現を必要とする後期ニーチェが、かつての自分で書いた著作から忘我をもたらす陶酔という概念を見いだし、そしてそれと同時期に、パースペクティヴという言葉に重みを与えはじめたということに、示唆されているのではないか。

五 「光の遠近法」としてのニーチェのパースペクティヴ主義

神崎は、遠近法批判の二つの類型を整理したことで、デカルト的遠近法とニーチェのパースペクティヴ主義に対する理解を促進した。神崎によれば、「遠近法は、こうして、それぞれの主観的観点からの眺望という意味で、相対主義的なものだという非難を一方から受け、他方では、特定の観点に立てば誰にとっても同じ眺望が与えられるという理由で、今度は客観主義的だと非難されるのである」。[26] つまり、デカルト的遠近法主義は、科学的・客観的な空間を唯一の空間としたと非難され、ニーチェのパースペクティヴ主義は、無軌道な相対主義として非難される。しかし、デカルトとニーチェの遠近法は、「人が自由に視点を選べるということと、それとは反対に、人はその都度特定の視点に拘束されているという、同じ事態に対する二つの見方のあいだのアスペクト的な対立」[27] を二つに分けたものであり、どちらも同じ光の遠近法の裏表なのである。

そもそも、遠近法が光の遠近法でないことはありえない。前述のように、マーティン・ジェイによると、線遠近法は中世末期の「神聖な光」の表現に由来する。また、神崎自身が確認するところでは、パースペクティヴ、すなわち「ペルスペクティーヴァ (perspectiva)」は、中世全体を通して「光学」であった。[28] そして、なによりも、アルベルティ自身の遠近法の説明が、そもそもパースペクティヴが「光 (raggio)」であることを前提としたものである。アルベルティは視覚のピラミッドをこう説明する。

> ピラミッドとは、その底辺から上に引かれたすべての直線が唯一点に終る「集まる」一つの立体である。このピラミッドの底辺は見られる面の一つである。ピラミッドの側面は、私が外部的と称したあの光線である。頂点すなわちピラミッドの尖端は目の奥にある。[29]

このアルベルティの視覚のピラミッドは、面のもっとも端の「末梢的光線」「外部光線」、外部光線の内側にありピラミッドを色彩と輝く光で満たす「媒介光線」、媒介光線の一種であるが中心点（消失点）にぶつかり直角に返ってくる「中心線」からなる立体である。[30] つまり、光でできた、光り輝く立体なのである。

後期ニーチェの価値論的なパースペクティヴ主義は、パースペクティヴの構成する視覚のピラミッドを光り輝く立体とみなすこのアルベルティの思想から、断絶してはいない。ニーチェのパースペクティヴ主義には、力の増大や価値づけといった「力」や「価値」の規定が付加されているけれど、パースペクティヴは、前述のように、仮象の世界をつくり、また、その世界をニーチェは、「可視的な世界」「眼のための世界」（KSA 13, 258）という光と関連する視覚の表現で言い換える。したがって、ニーチェのパースペクティヴ主義は、依然として光にこだわるパースペクティヴの思想の系譜に属している。

ニーチェが光のパースペクティヴの思想に近づくことで、後期ニーチェ哲学は、力への意志の哲学にまとわりつく生の哲学の擬似科学的な言い回し、すなわち、素人じみた生物学的・進化論的なジャーゴンから距離をとることができた。そうした表現はニーチェの言説に残存してはいるものの、擬似科学に彼が理論的にも依存している印象は薄れている。例えば、『アンチクリスト』では、『ツァラトゥストラはこう言った』の「超人」に関する諸々の表現とは異なり、「生物の順序をなにが人類と代わるのかが、私の問題ではない」（KSA 6, 170）と明言している。

擬似科学的表現に拘泥しないことは、一八八八年の諸著作に、後期のそれ以前の著作にはない軽快さを付与している。ニーチェは、『悦ばしき知識』の「第五書」や『善悪の彼岸』、『道徳の系譜』よりも率直に意見を述べるようになった。その反面、ニーチェの著作から論証や議論が減少したことも確かである。インスピレーションのもたらす確信がそのまま語られるようになった。そして、論証や議論をしなくなった哲学者に、次の哲学的な段階は用意されていなかった。

おわりに　パースペクティヴ主義の功罪

結論的にいえば、パースペクティヴ主義には、後期ニーチェの一八八八年の諸著作、すなわち、『偶像の黄昏』『ヴェーグナーの場合』『アンチクリスト』『この人を見よ』における率直な諸々の見解の湧出をもたらす功績があった。その反面、パースペクティヴ主義には、論証し議論することで生まれるはずの、彼の哲学の次への展開を奪ったという罪がある。

そして、このことは、彼の初期の小論「道徳外の意味における真理と虚偽」に提示されているメタファー論の観点から、パースペクティヴを光のメタファーの一種として捉え、そのメタファーの消費期限について考察することでいっそう明白になろう。これについては、次の機会に論じたい。

註

ニーチェのテクストは次のものを用いた。
Friedrich Nietzsche, *Sämtliche Werke Kritische Studienausgabe* in 15 Bänden, hrsg. von Giorgio Colli und Mazzino Montinari, dtv/de Gruyter, Berlin/New York, 1988.
ニーチェのテクストからの引用参照は、これを、KSA、と略し、その後ろに巻数を付記する。

1 マーティン・ジェイ「近代性における複数の「視の制度」」（ハル・フォスター編『視覚論』平凡社、二〇〇七年、所収）、二三頁。

2 「近代化する視覚」（ハル・フォスター編前書、所収）、五八頁。

3 「それらの研究［イタリア十五世紀における遠近法の発見、再発見、発明に関しての膨大な研究］においては、実践的な遠近法を発明ないし発見した名誉はブルネレスキに与えられてきた。また、遠近法は最初に理論化したのはアルベルティであると、ほぼ例外なく認められている」（マーティン・ジェイ前掲、二四頁と次頁）。また、アルベルティ自身も「あらゆる芸術の主人である」「絵画」（L. B. アルベルティ著、三輪福松訳『絵画論〈新装普及版〉』中央公論美術出版、平成四年、三二頁）についての最初の著作者であることを喜んでいる。彼はこう述べている。「私は、この最も微妙な芸術について文字に書くのが最初であるという光栄を摑んだのを喜んでいる」（アルベルティ前掲、七五頁）。

4 佐藤康邦がレオナルド・ダ・ヴィンチをもとにした絵画における遠近法技法の分類は次のとおりである。⑴線遠近法、あるいは幾何学的遠近法。レオナルドのいう「縮小の理法」に従うものであり画面に平行でない平行線の無限遠点での一点への収斂（これが消点である）、斜め上方から見られた円盤の楕円形への歪みが含まれる。縮小の理法とは「眼から遠ざかっていく対象が縮小してゆくという原理」

である。(2)空気遠近法。眼と対象との間の空気を感じさせて、奥行の距離感を出すために遠方の対象をぼやかして描く、あるいは青みがかった彩色をほどこす。(3)消失遠近法。遠い物体は空気の有無とは関係なしにぼんやり見えることに基づくもの。遠方の星が近くの星よりも暗く見えるという原則と同じである。(4)色彩遠近法。これはレオナルドでは空気遠近法とほぼ同義に使われている。暖色と寒色を並べると暖色が前進し寒色が後退する効果が生まれる。ちなみに、(3)を除いてすでにアルベルティにあると佐藤は述べる（佐藤康邦著『絵画空間の哲学〈改装版〉』三元社、二〇〇八年、三七頁と次の頁）。たしかにアルベルティは『絵画論』において、色彩にも多くの紙幅を割いている（アルベルティ前掲、一七頁以下）。また、アルベルティは、白と黒の使い方に注意をうながしている。というのも、「光と影とは物を浮き上がったように見せるからである」（アルベルティ前掲、五六頁）。

5　形而上学的な意味をもつ「知覚された光（lumen）」と対比される。

6　マーティン・ジェイ前掲、二五頁。

7　「視覚の円錐」ともいう。

8　マーティン・ジェイ前掲二五頁と次頁。

9　「われわれの仲間の間で、「裁断面」および習わしているあのヴェール」（アルベルティ前掲、三九頁）。

10　マーティン・ジェイ前掲、二五頁。

11　エルヴィン・パノフスキーの次の指摘を参照。「ところで、この「中心遠近法」全体は、完全に合理的な空間、すなわち無限で連続的で等質的な空間の形成を保証できるように、暗黙のうちに二つのきわめて重要な前提を立てている。第一の前提は、われわれがただひとつの動くことのない眼で見ているということ、第二の前提は、視覚のピラミッドの平らな切断面が、われわれの視像を適切に再現しているとみなされてよいということである。だが実際には、こうした二つの前提を立てることは、ひどく思いきって現実［事実的主観的な視覚印象］を捨象してしまうことである。」（エルヴィン・パノフスキー著、木田元監訳・川戸れい子・上村清雄訳『〈象徴形式〉としての遠近法』ちくま学芸文庫、二〇〇九年、一一頁）。

12 マーティン・ジェイ前掲、二五頁。

13 佐藤康邦前掲、四七頁。

14 「このごく短い評論の中で絵画のことを述べるにあたって、説明が明瞭になるように、私の研究問題に関する事柄を、まず第一に数学者流に取り上げてみよう。それを理解した後、出来るかぎり、絵画芸術を、自然の第一原理から解いていこう。／しかしこれらすべての論議にあたって、是非とも、私は数学者ではなく、画家としてこれらのことを書いていることを承知していただきたい」（アルベルティ前掲、九頁）。「まず第一に幾何学を知ることを私は望んでやまない」（アルベルティ前掲、六三頁）。

15 佐藤康邦前掲、四五頁。

16 佐藤康邦前掲、四五頁と次頁。

17 佐藤康邦前掲、四七頁。

18 マーティン・ジェイ前掲、三三頁。

19 神崎繁『プラトンと反遠近法』新書館、一九九九年、一一二頁。

20 神崎繁前掲、三三頁。

21 神崎繁前掲、一二一頁。

22 「ひとつの誤謬の歴史」（GD, Fabel）の真の世界の歴史。その内容は「表1」にまとめた。

23　『偶像の黄昏』の歴史物語に従うなら、仮象の世界も廃棄される（KSA 6, 81）。
24　「動きがあるところでは、なにものかが動かされている」（KSA 13, 259）。
25　「生の法則、生の本質の中の不可避的な「自己克服」の法則」（KSA 5, 410）。「しかし、すべての目的、すべての有用性は、力への意志がより弱い力のものを支配し、それに自分自身からある機能の意味を刻印したということの、しるしであるにすぎない」（KSA 5, 314）。これらの見解を含めて、主に『善悪の彼岸』に依拠して構成される生の哲学を生還元的な思考の特徴としてまとめると、「表2」のとおりである。
26　神崎繁前掲、三〇頁。
27　同上。
28　神崎繁前掲、一六頁。
29　アルベルティ前掲、一五頁。
30　アルベルティ前掲、一三頁と二六頁。

表1

	各歴史段階における真の世界の規定	言及される思想
1段階	真の世界は、一部の人間にとって到達可能であり、そうした人々が実際にそこに生きている世界である。	プラトン
2段階	真の世界は、未来に到達可能だと一部の人々には約束されている世界である。	キリスト教
3段階	真の世界は、それについて思考できるので、人々に慰め、責務、命令をもたらす世界である。	カント
4段階	真の世界は、到達されえない未知のものであり、そこから慰めなどを得ることについて、人々が疑問をもち始める世界である。	実証主義
5段階	真の世界は、人々に無用で余計な、論破された理念とみなされ、除去される世界である。	自由精神
6段階	真の世界は、それが除去されたとき、仮象の世界も除去されたのだと人々の気づくような世界である。	ツァラトゥストラ

表2

	生還元的思考の内容
①	あらゆる事物が生として把握できる。
②	生は、本質的に自己拡大・自己克服であり、副次的には自己保存である。
③	生は、複数のものの対立からなる運動そのものであり、超越的な一者でも、アトムで構成されているのでもない。
④	生は複数のものの動向で二種に分けられる。すなわち、解体するのは弱い型（デカダンス）であり、統制するのは自己統治型である。
⑤	あらゆる生が、それぞれの自己拡大・自己克服、自己保存のために、それぞれの遠近法的視点からあらゆる事物を価値とともに存立させつつ、自らも存立している。
⑥	あらゆる事物が、あらゆる生によって、それぞれの自己拡大・自己克服、自己保存のためのそれぞれの遠近法的視点から、価値とともに存立させられている。
⑦	遠近法的視点からの認識の客観性とは、その視点にどれだけ多くの他の遠近法的視点を集めたかに応じて高まる蓋然性の値である。
⑧	ある遠近法がすべての遠近法を集めるのは原理的に不可能なので、ある事物に関する完全に客観的な価値を知ることはできない。
⑨	生全体を完全に客観的に価値づける超越的な遠近法的視点はなく、どの事物も遠近法的な相互価値づけの競争からそうした視点へと逃げ出せない。

次の研究のためのメモ

1　初期ニーチェにおける芸術家の形而上学とメタファー論の違い：根源的一者が世界を超越した神であることと、物自体Xが主観の外にある実在であること。
2　初期ニーチェと、後期ニーチェにおけるインスピレーション体験との共通性：意識を失う陶酔・忘我の経験の重視。自己を失いつつディオニュソスを見る、ツァラトゥストラを見る。
3　メタファー論から中期ニーチェの批判期へ：メタファー論を物自体Xなしに分析事象へ応用すること。諸概念のメタファーとしての出自を暴露し、そのメタファーとしての消費期限が切れていることを確認すること。
4　インスピレーション、啓示の体験：自身が新しいメタファーがつくられる場（やって来る場）であることの自覚。ニーチェ自身が物自体Xなしのメタファー論の一部となる。
5　後期ニーチェの問題点：新しいパースペクティブ、新しい世界を創造するためにニーチェのつくるメタファーが、ごく少数の、あるいはほとんどひとつの、ごく短いフレーズに集約される傾向にあり、中期のアフォリズムにあったような文章全体で新しい世界を開示していく活力が失われている。そのため、後期ニーチェのメタファーは、大衆文化の宣伝広告のキャッチコピーのようにみえる。あるいは、近代哲学の形而上学の歴史のなかにそれらのメタファーを置いてみると、まるで近代哲学的な形而上学体系の根本概念のようにみえる。

運命愛と表現

（一九九九年三月のある会合での発表のためのメモに、二〇二二年にタイトルをつけて内容を修正・補足）

私の研究対象はニーチェでして、修士論文以降は、特に「運命愛」という発想に注目してあれこれ考えております。最近では、それに加えて、表現の問題にも関心をもっておりまして、それは、ニーチェの文章をどういう方法で読むべきなのか、どういう扱いをニーチェの文章は望んでいるのか、といった解釈論、文章論、読者論でもあり、同時に、ニーチェについてどのように書いていくべきなのか、という論文作成方法でもあります。

運命愛も表現の問題も、同じ問題意識の中から生じたものでありまして、その問題意識について書いたものがここにあるので、読み上げさせていただきます。

［おそらく論文「ニーチェ思想の理想主義的利用の条件について」の「第一章 遠近法主義の問題と他者化の身振りの関係についての概略的説明」を読んだ。拙著『ニーチェb』28-30頁に所収］

運命愛は、この遠近法主義の問題を踏まえたうえでの発想とみなせます。それが、その解決になっているのかどうかはわかりませんが、少なくとも、この発想を起点に、ルカーチやハーバマスが批判したのとは別のニーチェ像が構築できるのではないかと期待できます。また、ルカーチやハーバマスの批判もそうですし、その批判を検討するためにボイムラーなどを読んでいてもそうなのですが、彼らのニーチェの文章の扱い方が不満に思えてくる。それらは、自分の主張に合わせてニーチェの文章を切り張りしているだけで、ニーチェはその主張に利用されているだけではないのか。これは一般論として言っているのではなくて、ニーチェの文章には、明らかにこうした扱いへの批判の身振りがみられるので、言っているのです。こうした疑問から、まずは、ニーチェの文章の述べている、言葉についての理解や、望ましい読者となるための条件に関心が向かい、さらには、そうしたニーチェの文章の側からの読者である私への呼びかけに、私はどのように答えるべきなのかということが問題化してきたのです。

こうした二つの方向で進められている研究ですが、現在、どうやら同じような結論に向かっていることがわかってきました。それは、つまり、一般的な接近可能性の無さです。運命愛は、その発想者の特異なキャラクターと深く結びついているがために、誰もが利用できる発想ではありません。また、ニーチェの文章が求めている自分の読者も、厳しい条件をパスするものであり、誰もがそのような読者になれるわけではありません。こうした接近可能性の無さをどうとらえるべきか。私の目論見としては、それが一種の選民思想であることを認めながらも、引き付けつつ行う拒絶として、読者に読者自分をさらけ出す契機を与えるところに、積極的な評価を与えていきたいと考えています。

さて、こうした現状のなかから、いくつか将来論文になるはずの原稿ができておりまして、そのなかから、時間的に適当なものを一つ読み上げさせていただきます。

［なにを読んだか不明］

第二部

研究

近代徳島における鉄道の出現と背景

はじめに

本稿では交通の商品史研究[1]の事例分析[2]を今後深める基礎作業として、近代日本[3]の徳島社会に鉄道が出現した経緯とその背景について考察する。

本稿での考察の前に、①なぜ商品史の事例分析として鉄道を取り上げたのか、②なぜ考察時期として近代徳島を取り上げたのか、以上二点に言及しておく。

まず①について。主な理由として三つ挙げられる。第一に、これまでの蓄積されてきた社会的影響に関する諸研究を鉄道の観点から補足するためである。経営史や社会経済史の先行研究では、鉄道に関する諸研究が数多く蓄積されている。しかし今日の鉄道に関する史的研究において今後展開の余地が残されているテーマのひとつが、鉄道がもたらした多面的影響（特に文化面や社会面への影響）に関する考察であろう。すでに先行研究では、鉄道の敷設が各地域の交通や商品さらには生活を大きく変え、さらには新たな特産品を誕生させ観光を活性化する契機となったことが指摘される。[4]一方で宇田〔二〇〇七〕は、鉄道は自らを生み出した近代社会に多様な文化的影響を及ぼしているが、従来の研究では政治史・経済史・経営史の観点からの研究に偏重し、文化史的観点からの研究が十分でない。このことから、鉄道の機能性や経済性のみに焦点を当てた史的研究だけではなく、鉄道が近代社会に及ぼした多面的影響を多角的に考察する重要性を強調し、旧来の鉄道史研究の欠落点を補足する必要性を強調する。[5]鉄道の視点から社会変容を捉える考察は既に多くの蓄積が見られるが、本稿（および今後の筆者の研究）では徳島を事例に先行研究の補足を目指す。

第二に、従来の商品史（特にランドマーク商品）研究の欠落点を補足するためである。旧来のランドマーク商品研究では、携帯電話、ラジオ、電気炊飯器、カラーテレビ、自動車といった、生活者の日常生活に多大な影響を及ぼした耐久消費財に着目した研究が深められてきたが、[6] これらと同様の効果をもたらしたと考えられる商品群（例えば冷蔵庫、エアコン、パソコン、インターネットサービス、航空機など）へのアプローチが十全しているとは言い難く、鉄道もその例に漏れない。また従来の研究では、生活変容や社会変容の実態が統計的・感覚的に掴みやすい上記のランドマーク商品の抽出ばかりでなく、一見すると生活変容や社会変容の実態を認識しづらいが日本社会の様相を長期間かけ変化させてきたランドマーク商品の抽出に注力してきた点も無視できない。鉄道関連の数々の先行研究の成果を概観すると、鉄道が多面的な社会変容力を有するサービス商品であることは明白であり、鉄道を商品史で取り上げることは上述の商品史の課題改善に貢献するだけでなく、日本社会の変容実態を多面的に捉える一手段になろう。

第三に、交通の商品史に関する先行研究では鉄道がほとんど取り上げられてこなかったことである。交通関連サービス（特に交通手段）の商品史研究として、自転車（山田〔二〇〇二〕）、自動車（瀬岡〔二〇〇四〕、瀬岡（和）〔二〇〇四〕）、アスファルト（石川〔二〇〇六〕）、人力車（石川〔二〇一〇〕）、新幹線（上村〔二〇一二〕）が取り上げられてきたが、新幹線を取り上げた上村の研究を除き、鉄道に関する考察は十分ではない。

次に②について。従来のランドマーク商品研究の事例分析では現代（一九四五年以降～今日）を対象とする場合が多かった。その背景には、ランドマーク商品研究が現代社会（特に高度経済成長を起点とする日本人の生活変容）の実状と問題点を商品の観点から考察することに注力したためである。そのため商品が現代以前の日本社会（例えば近代）に及ぼした影響を追究した事例分析は十分に展開されていない。[7]また徳島県内の鉄道に関する諸考察は刊行済みの『県史』や『市町村史』に若干の記述や記録が見られる程度であり、十分な学術考察には至っていない。こうした上述①②が本稿執筆の動機である。

本稿の概要を記しておく。本稿一では徳島県内の鉄道開業前後の史的展開を概観する。本稿二では徳島県内で鉄道路線が拡大できた背景を考察する。なお、商品史研究の重要テーマである「影響」（つまり鉄道と商品史の相互関係）については、紙幅の都合から別稿で考察の機会を設けたい。

一　徳島県における鉄道敷設の史的動向[8]

明治五年（一八七二年）に新橋～横浜間に日本最初の鉄道が開通し、明治政府は鉄道建設の全国化を推進した。しかし明治政府の財政難が深刻化し、官営による鉄道建設は計画通りに進まなかった。一方で民間では鉄道建設に対する積極的な姿勢が見られなかったが、明治一七年（一八八四年）に半官半民の日本鉄道会社が上野駅～高崎駅間を敷設し、好業績をあげた。これにより鉄道事業の有益性が民間にも知れ渡った。明治二〇年（一八八七年）の私鉄鉄道条例の公布を契機に、全国で民営鉄道建設が積極的に展開された。こうしたなか明治二一年（一八八八年）一〇月には四国で最初の鉄道として伊予鉄道が松山〜三津間で開業し、次いで明治二二年（一八八九年）には讃岐鉄道が琴平〜丸亀間が開業した。徳島県では明治二八年（一八九五年）から明治三〇年（一八九七年）にかけて到来した「民営鉄道建設ブーム」（「第二次鉄道ブーム（鉄道熱）」）のなかで、県内初の鉄道敷設計画が持ち上がった。

以下では、徳島県内で敷設された徳島鉄道（現在のJR徳島線）、阿波国共同鉄道（現在のJR牟岐線）、阿南鉄道（現在のJR牟岐線）、阿波鉄道（現在のJR鳴門線）、阿讃海岸線鉄道（現在のJR高徳線）の敷設までの史的動向を概観する。

一—一　徳島鉄道

徳島県での鉄道敷設計画が最初に明言されたのは、明治二五年（一八九二年）に制定された鉄道敷設法においてである。同法では全国各地の敷設予定線路が明示され、そのなかの徳島県に関連する記載として、「香川県下琴平ヨリ高知県下高知ヲ経テ須崎ニ至ル鉄道」、「徳島県下徳島ヨリ前項ノ路線ニ接続スル鉄道」とあり、徳島市から路線を伸ばし琴平・高知に至る鉄道路線と接続するという内容だった。上記が鉄道敷設法に記載されたことで、法的に徳島県下での鉄道敷設が保証された。当時の四国は全国と比較して鉄道敷設が遅れていた。特に徳島県では一八七〇年代と一八八〇年代を通して鉄道が全く敷設されず、県民からは早期の敷設を望む声が強く聞かれたが、明治二七年（一八九四年）に日清戦争が勃発し、鉄道敷設の目途がつかなくなった。そこで大串龍太郎を中心とする藍商（阿波藍産業で財をなした商人や商家）などの地元有志が発起人となり、鉄道建設の早期実現を目指す動きが加速した。[9]

明治二九年（一八九六年）に、大串は県内の有力藍商など二〇名に働きかけて私設鉄道会社である徳島鉄道株式会社を設立し、大串が初代社長に就任した。大串は吉野川沿岸の開発を目的に徳島駅～川田駅間の路線敷設の免許を取得し、明治三〇年（一八九七年）一一月には第一期工事として鴨島までの工事に着手した。

そして明治三二年（一八九九年）二月一五日、徳島駅（徳島市寺島）～鴨島駅（麻植郡）間の一八・九キロメートル（徳島駅、府中駅、石井駅、牛島駅、鴨島駅の五駅）にて、徳島県初の鉄道が開通した。これは民間資本による私設鉄道だった。同日は悪天候にもかかわらず徳島駅では盛大なセレモニーが行われ、駅周辺地域は祝賀ムードに包まれ、鉄道を一目見るため沿線地域の生活者が駅周辺や沿線に集った。

当時の運行状況は、便数が一日七往復で徳島駅～鴨島駅間を約四三分で運行した。運賃は徳島駅～石井駅間が一〇銭、徳島駅～鴨島駅間が一八銭であった。ちなみに、同時期の東京での平均的な食品価格を挙げると、牛乳四銭（明治三四年（一九〇一））、牛肉七銭（明治三五年（一九〇二））、鶏卵一五銭（明治三二年（一八九九年））、喫茶店のコーヒー二銭（明治三〇年（一八九七年））、塩七銭九厘（明治三八年（一九〇五年））、醤油一〇銭（明治二七年（一八九四年））、食パン六銭（明治二七年（一八九四年））、味噌七銭（明治三〇年（一八九七年））であった。[10] 単純比較ではあるが、鉄道運賃が当時の生活者が消費した日用品と比べ若干割高だったことが窺える。それでも生活者は鉄道という未知の近代交通に魅せられて積極的に利用し、鉄道が持つ利便性・安全性・高速性を体感した。また徳島鉄道では、相撲興業や地域の祭りといったイベントに合わせた運賃割引を実施するなど、生活者の利便を考慮した価格設定も鉄道利用者の拡大に貢献した。

日清戦争後、日本は軍国体制の整備に一層尽力した。鉄道は高速で大量に人員と物資を輸送する軍事輸送の有力手段としての役割も期待され、富国強兵の名の下、全国に鉄道路線が拡大された。徳島県もその例に漏れず、こうした軍事的背景もあって県南地域と県西部地域への路線拡大が進んだ。明治三二年（一八九九年）一二月には鴨島駅～湯立（山川）駅間が開通し、明治三三年（一九〇〇年）八月には湯立駅～川田（船戸）駅間が開通した。これにより徳島駅から川田駅までが開通し、県西地域の交通の利便性が向上した。

徳島鉄道の営業成績であるが、国有化までの八年間を見ると、運賃収入は明治三一年度が八四三〇円、明治三二年度が六万九八〇九円、明治三三年度が一〇万五二二円、明治三四年度が一〇万五七五一円、明治三五年度が一〇万五六一九円、明治三六年度が一〇万八八一五円、明治三七年度が八万七五六六円、明治三八年度が九万九三六一円、明治三九年度が一二万五五一七円であり、創業計画中に算定された収入見込額年間一〇万三〇〇〇円をほぼ達成した。[11] 高い運賃収入を維持できた背景には、地域住民が徳島鉄道の建設を長年待ち望み、鉄道開通と同時に日常的な交通手段として利用する者が増えたこと、また鉄道の運行区間に徳島駅〜鴨島駅間という人口密集地が含まれたことが挙げられる。[12]

ところで鉄道国有化の必要性は、明治二三年（一八九〇年）の経済恐慌による第一次鉄道建設ブームの収束とともに、鉄道官僚・軍部・経済界などから主張され始めた。そして日清・日露戦争を経て産業革命が進展するなか、人と物の両面での鉄道輸送需要の拡大に伴う輸送力増強、軍事輸送の一元化、輸送経費の節約、運賃低減などの面で、国有化の有効性が認識された。また日露戦争後は、国内と海外（中国大陸）との統一的な鉄道敷設による植民地への輸送体制の構築が求められたことから、明治政府は戦後経営の一環として明治三九年（一九〇六年）に鉄道国有法を施行し、明治四〇年（一九〇七年）に鉄道国有化を実現させた。徳島鉄道は鉄道国有化によって全国一七の主要幹線のひとつに位置づけられ、それまでに敷設された全路線が国に買収され国有鉄道（国鉄）となった。大正期になると民間資本によって県中央部から県南地域への路線建設が進められたが、いずれも後年に国有化された。

明治四四年（一九一一年）、鉄道敷設法の改正に合わせて徳島線の川田（船戸）駅から県西の阿波池田駅までの延伸が決定した。背景には明治四一年（一九〇八年）に徳島市蔵本地区（現在の徳島大学医学部や蔵本公園周辺）に旧陸軍の歩兵第六二連隊が設置されたことが関係した。[13]明治四五年（一九一二年）一月より延伸工事が開始され、大正三年（一九一四年）三月に川田（船戸）駅〜阿波池田駅間が開通した。これにより県中心部の徳島駅と県西部の中心地である阿波池田駅が全通した。この開通は吉野川による河川交通に依存した県西地域から県中心部への人と物資の移動を著しく向上させ、その時間と手間の大幅削減に貢献した。この全通に合わせて船戸駅は廃止され、新駅として川田駅が設置された。

一―二　阿波国共同鉄道

鉄道による県内交通の整備が模索された一八七〇年代と一八八〇年代には、徳島県内外との交通の利便性向上を期待する動きも見られ始めた。そのひとつとして県中心部と小松島港とを直結する鉄道建設が模索された。

徳島と阪神地域間を結ぶ海上航路（阿攝航路）は、明治一七年（一八八四年）に関西の小規模汽船会社が結集した大阪商船が独占し、徳島の特産品であった藍玉の運賃値上げを強行した。これに対し徳島の藍商は大阪商船と値下げ交渉を行ったが不調に終わった。そこで藍商は有志を募り、大阪商船に対抗する海上交通を確立するため、明治二〇年（一八八七年）に阿波国共同汽船を設立し、大阪商船と熾烈な市場競争を展開した。

また日清戦争の勃発により海運業界は活況を呈し、これを受け市街地に近い港湾の整備や船舶の巨大化が進んだ。しかし利便性が高かった徳島市中心地にある新町川両岸の船着場では、川幅・深さ・船舶の大きさの面で今後の貨客増加に対応できない可能性が高まったため、阿波国共同汽船は上記の問題を克服できる天然の良港であった小松島港を拠点とする阿攝航路の開拓を模索し始めた。そこで徳島市中心地と小松島港を直結する鉄道敷設計画を策定し、系列会社として阿波国共同鉄道株式会社を設立した。設立発起人には川真田市兵衛ほか九名が名乗りを上げた。

大正二年（一九一三年）四月には徳島駅〜小松島駅間が開通した。この開通は鉄道路線が県南地域へと延長する契機となった。なおこの路線は工事完了と同時に鉄道院が借り上げ、民設官業の小松島軽便線として営業された。この背景には同路線が四国と本州を直結する重要路線であり、国による直接営業が望ましいと判断されたためであった。これに合わせ阿波国共同汽船は小松島港〜阪神間の海上航路を設定した。

大正三年（一九一四年）に徳島線が徳島県西部の池田町（阿波池田駅）まで全通し、阿波池田駅〜徳島駅〜小松島駅の直通が実現した。これにより県西地域から徳島中心部へ、さらには小松島を経由して本州（京阪神地域）への移動の短時間化と効率化が実現し、生活者の交通の利便性は飛躍的に向上した。

大正六年（一九一七年）九月に政府は小松島軽便線を買収して国有鉄道とし、同線は国鉄小松島線となった。その後、昭和一五年（一九四〇年）三月には、小松島臨港鉄道が開業しその終点に小松島港駅が設置された。

一―三　阿南鉄道

徳島から小松島への鉄道敷設が実現したことで、県南地域の住民からは徳島中心部と直結する鉄道路線の早期敷設を期待した。そうしたなか徳島県板野郡石井町の実業家だった生田和平らが発起人となり阿南電気鉄道株式会社が設立され、軽便鉄道を敷設する免許申請を行った。政府からは阿波国共同鉄道との重複を避けるために、電気鉄道を蒸気鉄道に変更することを条件に大正元年（一九一二年）に免許状が出され、大正二年（一九一三年）に阿南鉄道株式会社へ名称変更した。

阿南鉄道は徳島県南部（現在のJR中田駅以南）の路線拡大に尽力した。阿南鉄道では阿波国共同鉄道との接続駅を中田駅に定め、大正五年（一九一六年）三月に中田駅～古庄駅間を開通させた。阿南鉄道は阿波国共同汽船会社が敷設した徳島駅～小松島駅間の路線と接続し、途中にある中田駅で分岐して古庄駅までの路線を運行した。その際に地域住民の利便性も考慮し、阿波国共同鉄道の列車が古庄駅まで、阿南鉄道の列車が徳島駅まで、それぞれ相互乗入れする契約も結んでいる。その後も阿南鉄道の延伸は続き、大正五年（一九一六年）一二月には古庄駅～羽ノ浦駅間が開通した。

しかし、羽ノ浦駅以南はその後しばらく鉄道路線の敷設が進まず、那賀川以南の那賀郡や海部郡では、鉄道敷設に向けた地域住民からの要望が高まり、地元有志らによる同盟会の結成や政治家への陳情・請願活動が活発化した。その結果、政府は大正一一年（一九二二年）にようやく敷設予定線のひとつとして羽ノ浦駅以南の路線を決定した。しかし直ちには敷設工事が着工されず、昭和三年（一九二八年）に羽ノ浦～牟岐間の建設がようやく内定した。しかしこの工事もすぐには実現せず、昭和八年（一九三三年）に着工された。同時に同線が国主導による建設だったために中田駅～羽ノ浦駅間を運行する阿南鉄道の国有化への気運が高まり、昭和一一年（一九三六年）に中田駅～古庄駅間は国有鉄道に編入された。羽ノ浦駅以南の桑野・阿波福井・日和佐への路線敷設工事はその後順次進められ、昭和一七年（一九四二年）七月に羽ノ浦駅～牟岐駅間が全面開通し、徳島～牟岐間は国鉄牟岐線と称された。なお牟岐駅以南（牟岐駅～海部駅間）の開通は、昭和四八年（一九七三年）一〇月まで待たねばならなかった。

一―四　阿波鉄道

現在の鳴門地域の鉄道敷設計画の先駆となったのは、明治二九年（一八九六年）に撫養町の天羽俊二らが発起人となった「阿讃鉄道」と称する鉄道敷設計画であった。この鉄道計画では、撫養を起点に大坂峠を経て引田～津田～志度～高松に至る路線を想定し、明治三一年（一八九八年）一二月に仮免許を取得、明治三三年（一九〇〇年）には阿讃鉄道株式会社を設立し、鉄道敷設に向け本格的に動き出した。しかし不況の到来で鉄道建設の計画的遂行が困難になったこと、路線を巡り香川県側との交渉が難航したこと、さらにそれに伴う資金調達が困難だったことが作用し、明治四一年（一九〇八年）五月には阿讃鉄道株式会社を解散せざるを得なくなった。

一方で同時期には、東京市出身の平野新八郎らを中心に阿波鉄道（阿波海峡鉄道）の建設が模索された。この計画では淡路（洲本）を起点に鳴門海峡を連絡船で結び、撫養海道沿線を経て南下し徳島中心部へ至る路線を計画した。しかしこの計画も具体的進展を見ず中止された。

このように高松や淡路島との直結を模索した鳴門地域の鉄道敷設計画はいくつか立案されたが、悉く実現しなかった。しかしそれでも同地域の鉄道建設への熱望が冷めることはなかった。その背景には、当時の鳴門地域が抱える経済事情が作用していた。徳島の海の玄関口として長く機能した鳴門市の撫養港は、明治中期から末期にかけてその役割を徐々に小松島港に奪われ、それによる鳴門地域の経済低迷が表面化しつつあった。そこで人と物資の輸送力を増強するため、徳島市に次ぐ市街地を形成する撫養町と徳島市を結ぶ鉄道建設が模索され、大正元年（一九一二年）一一月に撫養の天羽兵太郎ら七名が発起人となり、民営の阿波電気軌道株式会社が設立された。

阿波電気軌道株式会社は大正三年（一九一四年）から敷設工事を開始し、大正五年（一九一六年）五月には古川（吉成）駅～撫養駅間を開通させた。もともと阿波電気軌道は徳島～撫養間の電車運行を目的に設立されたが、広幅な吉野川を跨ぐ鉄橋架設費用を捻出できなかったため、この時点では徳島駅～古川駅間は直結させず、吉野川手前に設置された古川駅までの敷設に止まった。また電力供給を受ける予定だった徳島水力電気株式会社の発電能力に限界があり鉄道への電力供給の困難性も高まったため、蒸気駆動による運行に変更された。こうした事情から吉野川の架橋工事は実現せず、徳島駅～古川駅間の代替交通として吉野川両岸を繋ぐ連絡巡航船が運航された。この連絡巡航船は鉄道の発着時間に合わせて運航されたが、乗換の手間や待機時間を発生させたため利便上の不都合が生じた。大正一二年（一九二三年）二月に阿波電気軌道は池谷駅～鍛冶屋原駅間を開通させた。なお吉野川への架橋は昭和一〇年（一九三五年）まで待たねばならなかった[14]。

しかし阿波電気軌道の経営は順調には進まず、膨大な累積赤字を抱えた。そこで大口債権者だった安田保善社に経営委託して立直しを図り、大正一五年（一九二六年）四月には阿波鉄道株式会社へ社名変更した。昭和八年（一九三三年）七月には、国有鉄道である阿讃海岸線鉄道（現在のＪＲ高徳線、徳島駅～高松駅間）と接続したことで国有鉄道に編入され、国鉄阿波線となった。その後、阿波線として営業していた吉成駅～古川駅間の路線と中原～新町間の連絡巡航船はそれぞれ廃止された。

一―五　阿讃海岸線鉄道

徳島鉄道、阿波国共同鉄道、阿南鉄道、阿波鉄道の開業により徳島県内の鉄道路線は県内移動の利便性を高めた。しかし一九三〇年代までは、香川県・愛媛県・高知県との鉄道による接続は四国山地によって妨げられていた。一九三〇年代になると鉄道による香川県と高知県への直接接続が実現し、四国山地で隔てられてきた四国四県が鉄道で繋がり、今日のＪＲ四国の鉄道路線網の原形が完成した。

徳島県と香川県を結ぶ鉄道路線の敷設を求める声は、香川県側（特に東香川地域）から高まっていた。東香川地域が香川県の中心部である高松市、また徳島県の中心部である徳島市のどちらにもアクセス困難な地域だったためである。同地域では鉄道敷設に向けた請願活動が行われ、大正九年（一九二〇年）には政府が両県を結ぶ鉄道建設を容認した。まず高松駅～志度駅間の鉄道建設が進められ、昭和三年（一九二八年）には志度駅以東の引田駅まで路線が延伸された。当初は引田から北灘海岸に沿って東進し、撫養町で阿波鉄道に接続する計画であり、下板地域（北灘・撫養・北島・川内など）の町村が鉄道敷設に向けた運動を展開した。その一方で上板地域の十二の町村では、大坂峠にトンネルを掘削し板西町で阿波鉄道と接続することを求める運動を展開した。両者とも熾烈な鉄道敷設運動が展開されたが、最終的には鉄道省の判断により後者が採用され、阿波鉄道の吉成駅を南下して吉野川を渡り、徳島鉄道と接続して（接続場所として佐古駅を新設）、徳島駅へ向かう路線に決定された。昭和七年（一九三二年）より大坂峠の十ヶ所の掘削と吉野川鉄橋の建設が始まり、昭和一〇年（一九三五年）二月に全区間の工事が終了した。こうして翌三月に徳島県と香川県を結ぶ高徳線（徳島駅～高松駅間）が開通した。この路線の開通は徳島県と香川県の交流を一層活発化させた。鉄道開通以前に徳島から高松へ移動するには、まず国鉄徳島線で徳島駅から阿波池田駅へ移動し、阿波池田駅で国鉄予讃線に乗り換え高松へ移動する必要があり、所要時間は約五時間を要した。しかし高徳線の開通で両県の移動時間は約二時間三〇分に短縮され、移動に要する時間・費用・手間が大幅に軽減された。昭和一〇年（一九三五年）三月には予讃線、昭和一六年（一九四一年）一一月には土讃線がそれぞれ開通し、鉄道による四国内の効率的な移動が実現された。

二　徳島県における鉄道路線拡大の背景

本稿一では近代徳島における鉄道の出現経緯について述べた。ではなぜ徳島社会では鉄道建設に向けた動きが県内各地で起こり路線網が拡大したのか。以下では四点から考察する。

二―一　国内支配体制の確立（中央集権制の強化）手段としての鉄道

第一に、明治政府が進める近代国家建設の手段として全国に鉄道建設が進められたことである。鉄道が近代日本社会の経済的・文化的統合だけでなく、中央集権国家のもとで政治的統合も推進し、国民国家を形成するうえで不可欠な装置であることは、全国的な鉄道建設が計画された明治初期の政府内で既に認識され[15]、各地域の経済活動を首都東京へ集約する鉄道建設が進められた。鉄道は天皇中心の中央集権化を促進し、明治以降の国内支配体制を確立し、日本社会の近代化を促進する装置として位置づけられ、政府は鉄道建設の進展の過程でこれらを実現していった。明治政府が首都東京と関西圏を直結する東海道線を始め、全国各地の主要都市と東京・大阪間、また全国の主要都市間の幹線鉄道の建設を急いだ背景はここにある。鉄道建設は各地での経済効果や工業化の進展度を考慮し進められたのではなく、中央集権制の強化という政治的動機が前面に出た大事業だった[16]。この点に関して原〔二〇〇三〕は「鉄道の発達は、近代日本の歩みそのものであった。（省略）東京を中心として、全国に延びる鉄道は、もっぱら国家的価値を体現し、軍事的価値を帯びたものになる」[17]、また川勝〔二〇〇六〕は「鉄道は国民国家形成におけるインフラ整備の基礎となった」[18]とそれぞれ指摘する。

事実、鉄道敷設により地域社会と都市部が直結して以降、生活者の中央志向は大きく高まった。鉄道建設以前、生活者が地域社会（特に農漁村）から都市部を訪問することは容易ではなかった。これは近世社会において徳川政治体制が各地域（各藩）に対し強力な中央志向を要求しなかったことに一因がある。しかし鉄道敷設により都市部と地域社会との移動が容易化し、線路を通して中央と地域の連帯意識を強化したこと、また異文化情報との接点となる鉄道駅が各地に多数設置されたことで、生活者の中央志向を高めた。この点について原田〔一九九八〕は、鉄道は地方の経済構造だけでなく、地域の人々の中央志向を高めるという意識改革を進め、そうした意識が今日まで持続されていると指摘する。[19]これらは鉄道が日本社会全体に及ぼした影響のひとつである。近代徳島における鉄道建設もこうした明治政府による思惑の上に進められた。

こうして鉄道の全国敷設を容易にする社会環境が醸成された。徳島県内における鉄道敷設が二〇世紀になり加速的に進行したのは、明治政府によるこうした鉄道政策のあり方が大きく作用した。

新橋〜横浜間の鉄道開業後、明治政府は資金枯渇に伴う財政難に陥り、国家主導での鉄道建設が停滞したが、近代国家建設の早期実現には鉄道網の全国化が不可欠だった。そこで明治政府は一八七〇年代を通して鉄道建設への民間資金の導入を模索し、その結果として日本鉄道会社が設立された。明治一九年（一八八六年）六月に明治政府が幹線鉄道の民間での設立許可方針を打ち出したことなどを背景に第一次鉄道ブームが到来し、民営鉄道の建設が進んだが、明治二二年（一八八九年）の経済恐慌によりこのブームは収束した。その結果、同時期に新設された民営鉄道の多くが資金難に直面した。鉄道経営の破綻回避のため、政府は急遽、鉄道政策方針を提示し、明治二五年（一八九二年）施行の鉄道敷設法によって幹線鉄道建設や私鉄買収の諸方針などが決定された。それを受け私鉄建設が急増し第二次鉄道ブームが到来した。しかし明治二七年（一八九四年）に勃発した日清戦争後、明治政府は再度深刻な財政難に陥ったため、鉄道などの大型事業への民間資本の導入を検討し始めた。徳島県下の鉄道建設はこの第二次鉄道ブームのなかで敷設が進められた。明治三三年（一九〇〇年）には私設鉄道法が制定されたが、これは結果的に各地の私鉄建設を大幅に後退させた。また一九〇〇年代は日本社会全体が不況下にあり、新規の私鉄路線計画はほとんど見られなくなった。そこで政府は私鉄建設を促進する制度整備を進め、明治四三年（一九一〇年）四月に軽便鉄道法を制定し、鉄道建設に必要とされる複雑な免許手続きや経営規定を簡略化できるよう制度改変した。これは旧来の私鉄鉄道条例よりも建設認定条件が有利だったため、これ以降に敷設される私鉄の多くが軽便鉄道形式を採用し、既設の私鉄も軽便鉄道に変更された。明治四四年（一九一一年）には軽便私鉄補助法が制定され、各地の中小私鉄に対する資金救済が決定した。こうした制度面での整備が進んだ結果、徳島県下では本稿一で確認したように、一九一〇年代以降に私鉄建設（後年に国有化）が急進し、阿波国共同鉄道、阿南鉄道、阿波鉄道による路線建設が実現された（なお、大正八年（一九一九年）に地方鉄道法が公布されたのを機に、私設鉄道法と軽便鉄道法は廃止された）。

とはいえ実際に徳島社会で鉄道が普及するには、今述べた日本社会全体での鉄道敷設への制度整備（つまり外的要因）だけでなく、徳島社会から内発的に鉄道路線拡大への動きが展開される必要があった。以降二―二～四では鉄道建設の内的要因を考察する。

二―二　鉄道建設に必要な豊富な人材と資金源の存在

第二に、日本社会全体で鉄道建設の必要性が強調された同時期に、徳島には鉄道建設に必要な豊富な人材と資金源が存在したことである。その背景には、阿波藍産業の隆盛によって莫大な資産を有した複数の藍商のなかに阿波藍産業の将来的発展を不安視する者が現れ、彼等が阿波藍産業に代わる有望な投資先として鉄道業に関心を抱き、徳島での鉄道建設を後押ししたことが挙げられる。

徳島県への鉄道敷設に貢献した企業家の一人として大串龍太郎（一八四五年～一九二五年）が挙げられる。大串は板野郡五条村（吉野町）の藍商大串家の分家があった西条村（吉野町）で生まれた。一八歳で家業を後継し藍取引の全国化に尽力し家業の拡大に貢献した。後年、政界では徳島県議会議員および議長を務め、実業界では徳島銀行の創設に貢献し、徳島電燈株式会社の創設後は社長に就任するなど政財界のトップに君臨し、徳島の近代化に果たした役割は大きかった。特に鉄道建設に情熱を注いだ大串は、明治二九年（一八九六年）に徳島鉄道株式会社の社長に就任し、徳島中心部と徳島県西部を繋ぐ鉄道敷設に尽力した。[20]また同時期に明治政府の鉄道政策の方針転換により民間資本による鉄道建設が可能になったことも、大串らによる民間からの鉄道建設を容易化した。つまり、大串自身が徳島の政治経済を主導可能な立場だったこと、藍商として蓄積した膨大な資本を鉄道の建設資本に転化できたことが、徳島鉄道の建設を早期化させる一因になった。

二―三　近代における阿波藍産業の衰退

第三に、近世期から徳島社会の形成を支えた阿波藍産業が地藍の増産や外国産の合成藍の輸入によって長期的成長を期待できなくなったことである。[21] 明治三〇年代には阿波藍生産が大幅に落ち込み、資本を蓄積した藍商に中には阿波藍産業以外の近代産業への新たな投資を模索する商家も出現した。

阿波藍は近世期には徳島藩の保護を受けて吉野川流域で生産され、藩の財政基盤を支える重要な特産品のひとつに位置づけられ全国ブランド化し、近代期の徳島市が全国有数の都市に成長する契機となった。明治二二年（一八八九年）の市制施行時の各都市の人口を見ると、徳島市は六万人規模の都市であり、全国第八位の人口を誇った。[22]

しかし阿波藍産業は明治期後半以降、競合する藍製品の出現により低迷し始めた。背景には開国に伴い輸入された安価なインド藍が国内の藍市場に浸透し始めたこと、また藍生産の自由化とインド綿の大量輸入に伴い日本国内での地藍生産が活発化したことが挙げられる。阿波藍の品質低下を憂慮した阿波藍商人のなかには、自主的に阿波藍の生産流通に関する統制機構の再形成に注力する者も現れた。こうした努力により阿波藍の品質は保証されたが、全国拡大する地藍を巡り藍商間で意見対立が深まり、多くの藍商が地藍やインド藍の取扱いを拒否し、阿波藍の純血を守るべきだとの意識に大多数の藍商が縛られたため、結果として阿波藍産業の低迷を助長した。[23]

こうしたなか藍作の将来性に懐疑的な藍商も出現した。日本各地の情報収集能力に長けた巨大資本を有する藍商のなかには、自身の財力を活用して藍以外の商業活動を模索し始め、鉄道、金融、酒造、肥料、化学染料、食品加工、地主経営などを展開し経営多角化を進めた。例えば、先述の大串家は明治二八年（一八九五年）に徳島電燈株式会社、明治二九年（一八九六年）には徳島鉄道株式会社を設立した。川真田家は明治一七年（一八八四年）に大坂商船株式会社、明治二〇年（一八八七年）九月に他の藍商との共同出資で阿波国共同汽船株式会社を設立し、大正二年（一九一三年）には徳島駅〜小松島駅間の鉄道路線を開業させた。しかし、全ての藍商がこうした多角化や転業を図ったわけでなく、阿波藍産業で蓄積された巨大資本の多くが産業資本には注がれずに農地購入や地主化を促進したため、その後の徳島の産業育成を停滞させた。[24] 阿波藍は二〇世紀の到来とともにその生産量を急激に縮小させた。明治三六年（一九〇三年）以降、ドイツのバイエルン社が開発した合成藍（化学染料）が日本に輸入され、短期間で日本の藍市場を席巻して阿波藍やインド藍を駆逐した。阿波藍と地藍は国内での市場占有率を急激に喪失し、阿波藍は今日まで往年の勢いを取り戻せていない。

二―四　生活者の鉄道敷設への熱狂的な期待

徳島社会で鉄道敷設を実現できたのは、本稿二―二や二―三で挙げた財界や資産家による鉄道建設に向けた活動の過熱だけでなく、徳島の生活者の多くが自身の生活圏やその周辺地域への鉄道敷設を熱望したことも背景にある。

一八七〇年代以降、近代日本では生活者の多くが鉄道の大量輸送能力や高速性を評価し、鉄道は陸上交通機関の中心的存在としての地位を確立しつつあった。徳島線の場合、明治二五年（一八九二年）の鉄道敷設法で徳島県下での鉄道敷設が約束され、明治二八年（一八九五年）には早々に民営鉄道としての徳島鉄道の出願が実現した。その背景には「より早く鉄道の実現を望んだ地元の熱意」と、地元からの「早期着工の要望」が強かったことが背景にある。[25] また開業後、鉄道開通以前は馬車や川舟に頼る交通を受容してきた吉野川流域の生活者が、徳島鉄道の開通について双手を挙げて歓迎し、挙って徳島鉄道を利用した。[26] 大正三年（一九一四年）三月に徳島駅〜阿波池田駅間が全通した際には、「待ちにまった鉄道の開通に、美馬・三好両郡の人々は狂喜乱舞した」という。[27]

牟岐線の場合、大正一〇年（一九二一年）時点で那賀川以南の那賀郡や海部郡では鉄道が敷かれず、地域住民は鉄道の恩恵を全く受けなかった。那賀郡や海部郡など鉄道の未整備地域では鉄道敷設を熱望する気運が高まり、周辺の町村が連携し政府に鉄道誘致に向けた陳情・請願活動を展開した。その結果、徳島鉄道の開業から四〇年以上経過した昭和一七年（一九四二年）七月に、ようやく徳島駅〜牟岐駅間の全面開通が実現した。当時は戦時中で催しやイベントが制限されていたが、この開通は「戦時中とはいえ、県南の人びとにとっては牟岐線全通は大喜びのニュースであった」のであり、「牟岐国民学校で開かれた全通式には、八〇〇人の関係者が参列。町はじまって以来の盛大な行事と催し物でにぎわった」という。[28] 那賀郡や海部郡の生活者がいかに鉄道敷設を待望していたかが窺える。こうした生活者からの鉄道を待望した強い想いが、徳島県内の鉄道敷設を進める基盤にあった。

おわりに

本稿では、鉄道の地域商品史研究の事例分析に向けた前提作業として、徳島県内に敷設された鉄道を取り上げ、近代徳島社会に鉄道が出現した経緯とその背景を考察した。

なお本稿では紙面の都合から、商品史で追究すべき重要テーマである「影響」に関する考察（つまり、徳島県内の鉄道が近代徳島社会に及ぼした影響に関する考察）について触れられていない。この点は別稿で改めて考察の機会を設けたい。

《追記》

本稿は二〇一六年度日本商品学会研究助成制度を活用した研究（研究テーマ：近代徳島における鉄道の出現・普及経緯・影響に関する史的研究、二〇一六年四月～二〇一八年三月）での成果の一部である。また本稿は、筆者の研究報告「近代徳島における鉄道の誕生と影響」（二〇一八年度日本商品学会全国大会、専修大学、二〇一八年六月三〇日）をもとに加筆したものである。

註

1　商品史は戦前期より商品学での研究蓄積があり、一九九〇年代以降は同志社大学人文科学研究所の研究部会がランドマーク商品に関する諸研究を通して商品史研究を進めている（本稿執筆時点では同研究所第二一期第一〇研究部会が担う）。同志社大学人文科学研究所が提唱する商品史とは「…商品、生活、社会の密接な相互関係の内実を歴史的に整理し、その含意を解明しようとする研究分野」（石川〔二〇〇四〕八ページ）を指す。商品学における商品史研究の概要については鍛冶〔二〇一〇〕〔二〇一六c〕を参照されたい。またランドマーク商品からのアプローチによる商品史研究を行った共同研究として石川編著〔二〇〇四〕〔二〇〇六〕〔二〇〇八〕〔二〇一一〕〔二〇一三〕、石川ほか〔二〇〇九〕、川満編著〔二〇一五〕、川満ほか〔二〇二〇〕がある。

2　商品史研究は概念分析（ランドマーク商品という概念そのものに関する理論的分析）と、事例分析（考察対象商品が及ぼす影響や課題などを明らかにし、ランドマーク商品と位置づけられるか否かを検討する分析）に大きく分類できる。

3　本稿でいう近代とは明治期、大正期、昭和戦前・戦中期を指す。

4　例えば鈴木〔二〇一三〕は各地の名物・特産品・土産品の誕生と鉄道の全国敷設との関係を考察した。

5　詳しくは宇田〔二〇〇七〕序章、宇田〔二〇一三〕を参照されたい。

6　携帯電話は瀬岡（和）〔二〇〇六〕・瀬岡〔二〇〇六〕、ラジオ（トランジスタラジオ）は水原〔二〇一五〕、電気炊飯器は岩見〔二〇一一〕、カラーテレビは鍛冶〔二〇一三〕、自動車は瀬岡〔二〇〇四〕・瀬岡（和）〔二〇〇四〕でそれぞれ考察された。

7　近代日本社会に注目したランドマーク商品の事例分析として、瓶詰め清酒を取り上げた安岡

〔二〇〇四〕、人力車を取り上げた石川〔二〇一〇〕、阿波藍の盛衰と影響を考察した鍛冶〔二〇一六b〕がある。

8 本章での記述内容は特に断りのない限り、「徳島の二〇世紀　鉄道」、徳島県高等学校教育研究会地歴学会編〔一九七四〕、三好・猪井編〔一九七五〕三七四―三七六ページ、谷川〔一九八一〕六四一ページ、徳島市史編さん室編〔一九八三〕六二五―六八五ページ、ふるさと徳島編集委員会編〔一九八八〕、七―八ページ、瀬山〔一九九一〕、三好・松本・佐藤〔一九九二〕八六―八七ページ、玉有・大和・湯浅監修〔二〇〇七〕七六ページを参照した。

9 瀬山〔一九九二〕一七四―一七五ページ。

10 各商品の価格は週刊朝日編〔一九八八〕に記載された「牛乳」「牛肉」「鶏卵」「コーヒー」「塩」「醤油」「食パン」「味噌」の項目を参照した。

11 瀬山〔一九九二〕一七七―一七九ページ。

12 瀬山〔一九九二〕一七七ページ。

13 瀬山〔一九九二〕一八〇ページ。

14 同線は戦後の高度経済成長の到来による過疎化と乗降客の減少に伴う赤字経営を受けて、昭和四七年〔一九七二年〕一月に板野駅～鍛冶屋原駅間が廃止された。

15 松下〔二〇〇五〕二―三ページ。

16 原田〔一九九八〕九〇―九一ページ。

17 原〔二〇〇三〕四〇ページ。

18 川勝〔二〇〇六〕二七ページ。

19　原田〔一九九八〕一六一ページ。
20　三好〔一九九九〕一九九ページ。
21　近世・近代および現代徳島における阿波藍の普及と衰退の史的動向については、鍛冶〔二〇一六a〕〔二〇一六b〕〔二〇二一〕を参照されたい。
22　須藤編〔二〇一二〕一一四ページ。
23　徳島ペンクラブ編〔二〇一〇〕四一ページ。
24　湯浅〔一九九四〕四八ページ。
25　徳島市史編さん室編〔一九八三〕六二七ページ。
26　徳島市史編さん室編〔一九八三〕六三二ページ。
27　徳島市史編さん室編〔一九八三〕六七九ページ。
28　阿波市史編さん委員会編〔二〇〇一〕六四六―六四九ページ。

参考文献

阿南市史編さん委員会編〔二〇〇一〕『阿南市史　第三巻（近代編）』。

ふるさと徳島編集委員会編〔一九八八〕『ふるさと徳島』徳島出版。

原田勝正〔一九九八〕『鉄道と近代化』（歴史文化ライブラリー三八）吉川弘文館。

原武史〔二〇〇三〕『鉄道ひとつばなし』講談社。

石川健次郎編著〔二〇〇四〕『ランドマーク商品の研究―商品史からのメッセージ』同文舘出版。

石川健次郎編著〔二〇〇六〕『ランドマーク商品の研究②―商品史からのメッセージ』同文舘出版。

石川健次郎編著〔二〇〇八〕『ランドマーク商品の研究③―商品史からのメッセージ』同文舘出版。

石川健次郎編著〔二〇一一〕『ランドマーク商品の研究④―商品史からのメッセージ』同文舘出版。

石川健次郎編著〔二〇一三〕『ランドマーク商品の研究⑤―商品史からのメッセージ』同文舘出版。

石川健次郎ほか〔二〇〇九〕「特集　ランドマーク商品に関する商品史的研究」『社会科学』（同志社大学人文科学研究所）通巻八四号。

石川健次郎〔二〇〇四〕「なぜ、商品を買うのだろうか―商品史のドア」石川編著〔二〇〇四〕第一章。

石川健次郎〔二〇〇六〕「アスファルト」石川編著〔二〇〇六〕第九章。

石川健次郎〔二〇一〇〕「ランドマーク商品の断続性―人力車の場合」『同志社商学』（同志社大学商学会）第六一巻第六号。

岩見憲一〔二〇一一〕「自動炊飯器」石川編著〔二〇一一〕第二章。

鍛冶博之〔二〇一〇〕「商品史研究の成果と課題―商品学における商品史研究を参考にして」『商品研究』第五七巻一・二号。

鍛冶博之〔二〇一三〕「カラーテレビ」石川健次郎編著〔二〇一三〕第三章。

鍛冶博之〔二〇一六a〕「近世徳島における阿波藍の普及と影響」『社会科学』（同志社大学人文科学研究所）第四五巻第四号（通巻一〇九号）。

鍛冶博之〔二〇一六b〕「近代徳島における阿波藍の盛衰」溝口隆一編著『ニーチェ＋』ふくろう出版、第一章。

鍛冶博之〔二〇一六c〕「商品史に関する概念考察と研究展望」『社会科学』（同志社大学人文科学研究所）第四六巻第三号（通巻一一一号）。

鍛治博之〔二〇二一〕「現代徳島における阿波藍の衰退と振興」『社会科学』（同志社大学人文科学研究所）第五一巻第三号（通巻一三一号）。

川勝平太〔二〇〇六〕「陸の文明、海の文明」財団法人国際交通安全学会編『「交通」が結ぶ文明と文化―歴史に学び、未来を語る』技報堂出版、第一章。

川満直樹編著〔二〇一五〕『商品と社会―ランドマーク商品の研究』同文舘出版。

川満直樹ほか〔二〇二〇〕「特集　商品と商店―ショップとストア」『社会科学』（同志社大学人文科学研究所）第四九巻第四号（通巻一二四号）。

松下孝昭〔二〇〇五〕『鉄道建設と地方政治』（近代日本の社会と交通一〇）日本経済評論社。

三好昭一郎〔一九九九〕「鉄道の始まり」財団法人とくしま地域政策研究所編『四国のいのち　吉野川事典―自然・歴史・文化』社団法人農山漁村文化協会。

三好昭一郎・猪井達雄編〔一九七五〕『阿波の歴史』講談社。

三好昭一郎・松本博・佐藤正志〔一九九二〕『県民百年史　三六　徳島県の百年』図書印刷。

水原紹〔二〇一五〕「トランジスタラジオ」川満編著〔二〇一五〕第二章。

瀬岡誠〔二〇〇四〕「負の商品史―消費社会における自動車と人間」石川編著〔二〇〇四〕第五章。

瀬岡和子〔二〇〇四〕「日本におけるモータリゼーションの進展とその負性」石川編著〔二〇〇四〕第六章。

瀬岡和子〔二〇〇六〕「ケータイと人間のかかわり」石川編著〔二〇〇六〕第二章。

瀬岡誠〔二〇〇四〕「負の商品史―消費社会における自動車と人間」石川編著〔二〇〇四〕第三章。

瀬岡誠〔二〇〇六〕「ケータイ」石川編著〔二〇〇六〕第三章。

瀬山劢〔一九九一〕「鉄道」『阿波の交通』編集委員会編『阿波の交通（下）―明治維新から現代まで』徳

島市立図書館。

須藤茂樹編〔二〇一二〕『徳島県謎解き散歩』新人物往来社。

鈴木勇一郎〔二〇一三〕『おみやげと鉄道―名物で語る日本近代史』講談社。

週刊朝日編〔一九八八〕『価格史年表―明治・大正・昭和』朝日新聞社。

谷川丈夫〔一九八一〕「鉄道」徳島新聞社調査事業局編『徳島県百科事典』徳島新聞社。

玉有繁・大和武生・湯浅良幸監修〔二〇〇七〕『阿波の国二四〇問―知っているようで知らなかった徳島再発見』徳島新聞社。

徳島県高等学校教育研究会地歴学会編〔一九七四〕『徳島県郷土事典』徳島県教育印刷。

徳島市史編さん室編〔一九八三〕『徳島市史』（第三巻　産業経済編・交通通信編）。

「徳島の二〇世紀　鉄道」（http://www.jrt.co.jp/tv/ohayo/20c/04railway/index.htm）（最終閲覧日：二〇二二年七月六日）。

徳島ペンクラブ編〔二〇一〇〕『阿波藍を尋ねて』（徳島ペンクラブ選集　別冊）徳島県教育印刷。

宇田正〔二〇〇七〕『日本鉄道文化史考』思文閣出版。

宇田正〔二〇一三〕「近代化日本における鉄道の歴史的役割と民俗文化試考―私の『鉄道・遠野物語』断章」宇田正・畠山秀樹編著『日本鉄道史像の多面的考察』日本経済評論社、第一〇章。

上村雅洋〔二〇一三〕「新幹線」石川編著〔二〇一三〕第二章。

山田眞實〔二〇〇二〕「『自転車』文化論」『同志社商学』（同志社大学商学会）第五四巻第一・二・三号。

安岡重明〔二〇〇四〕「既存商品のランドマーク商品化」石川編著〔二〇〇四〕第七章。

湯浅良幸〔一九九四〕「阿波と藍」日本藍染文化協会編『日本の藍―染織の美と伝統』日本放送出版協会。

障害者とスポーツ

―障害福祉の講義におけるアクティブ・ラーニング―

一　はじめに

スポーツ基本法に基づくスポーツ基本計画は、スポーツに関する施策の総合的かつ計画的な推進を図るための基本的な計画であり、令和四年度から令和八年度までの第三期スポーツ基本計画の策定に際し、第二期スポーツ基本計画の総括的な評価のひとつとして、「共生社会の実現については、障害者や女性のスポーツ実施率が増加傾向にはあるものの相対的に低く、引き続き環境構築に向けた取組が必要。」と示されており、障害者等へのスポーツの実施に関しては、今後の重要な課題と言えることから、第三期スポーツ基本計画では、障害者等多様な主体によるスポーツ実施率の向上などが目標として掲げられている。[1]

一方で、藤田らは、二〇一四年度、二〇一六年度、二〇一八年度、二〇一九年度、二〇二〇年度に調査を実施し、障害者スポーツに関わる言葉の認知度、障害者に対する意識、および障害者スポーツに対する意識の変化についてみているが、言葉の認知度では「オリンピック」「パラリンピック」とも九五％以上の高いレベルで推移しており、この間の大きな変化は見られず、あわせてボッチャ、ゴールボール、パラバドミントンの三つの言葉の認知度が大きく伸びていたが、他の言葉に関しては若干伸びているかもしくは横ばいであったとしている。[2]このようなことから、障害者等多様な主体によるスポーツ実施率の向上に向けては、障害者スポーツに関わる言葉の理解促進と正しい認識の定着が必要と言える。

ところで筆者は、社会福祉士養成課程において教鞭をとっている。先述した障害者スポーツについては、社会福祉士養成課程においても無縁のことではなく、福祉分野を目指す学生は知識として理解しておくべき重要なテーマである。普段筆者は障害者福祉に関する講義を担当しているが、この講義においては、障害のある人への支援の歴史や制度の実情などを幅広く学修する一方、障害者スポーツに関して扱われることは決して多くはない。

ところが、社会福祉士国家試験においては障害者スポーツに関する出題も見受けられ、かつ社会福祉士としての実践場面においても障害者スポーツに関する知識が不要なわけではない。そこで、筆者は、社会福祉士養成課程における障害者福祉の講義において、障害者スポーツをテーマとした講義を行っている。その講義では、基本的にアクティブ・ラーニング形式をとる。

二　アクティブ・ラーニング

講義の概要を説明する前に、ここで少しアクティブ・ラーニングについて触れておきたい。アクティブ・ラーニングとは、「学生にある物事を行わせ、行っている物事について考えさせること」[3]とされ、学生の主体的な学びを促進するものと言える。また、「教員による一方向的な講義形式の教育とは異なり、学修者の能動的な学修への参加を取り入れた教授・学習法の総称。学修者が能動的に学修することによって、認知的、倫理的、社会的能力、教養、知識、経験を含めた汎用的能力の育成を図る。発見学習、問題解決学習、体験学習、調査学習等が含まれるが、教室内でのグループ・ディスカッション、ディベート、グループ・ワーク等も有効なアクティブ・ラーニングの方法である。」[4]ともされており、学修者の能動的な学びが重要視され、如何に学生が講義で得た内容を、その後に活用できるかがポイントであろうかと考えられる。

三　講義概要

先述の通り今回の講義では、アクティブ・ラーニング形式（グループワーク）をとった。その意図としては、自ら調べることで、知識としての定着はもとより、記憶に残る講義にするためである。具体的には、数名ずつのグループを編成し、各グループで障害者スポーツについて調べることとした。調べる内容は、車いすバスケットボールのようなスポーツの競技名やパラリンピックのような競技大会名などである。グループの判断で、内容をどの程度までまとめるかは自由とした（例えば、競技名や大会名とその概要とするか、あるいは具体的な運営やルールまで細かく記すか等）。その調べた内容は、模造紙にまとめることとし、講義二〜三回分ほどを使用した。まとめ方は自由、他者が見たときに理解できる内容であることを条件とした。受講者は、全員、社会福祉士養成課程で学ぶ学生である。

四　講義の意義と成果

本稿で述べた講義の特徴としては①障害者スポーツを社会福祉士養成課程の障害者福祉に関する講義で取り上げたこと、②アクティブ・ラーニング形式の講義形態をとったこと、の二点が挙げられる。①については、意外と障害者スポーツについて知らないことも多いという状態に学生自身が気づき、そのような中で、学生はグループで協同しながら役割分担をするなどして、時間内で多くの内容を調べてまとめていた。また、今回は「まとめ方は自由、他者が見たときに理解できる内容であること」を条件としていた。これは社会福祉士として必要な能力を同時に身につけることを意図したものであり、実際、グループワークでは図や表の作成、文字の大きさなどを各自が慎重に判断しながら行う中で、障害者スポーツに関する知識はもちろん、伝達力や情報収集力の向上にも繋がっていたように思われる。よって今回のグループワークから社会福祉士国家試験対策としての知識習得に繋がり、かつ社会福祉の実践においても必要となるであろう知見を得られたのではないかと推察する。

②については、今回はアクティブ・ラーニングの中でもグループワークを用いた。主題が、ある程度前提となる知識を保持している内容であれば、グループで紙芝居などをつくり他者に発表することで、より知識の習得に結び付いたかもしれないが、今回については主題である障害者スポーツに対する学生の興味関心や知識の保持状況が各々によって異なっていたこともあり、グループで調べまとめるという過程を通して、まずは障害者スポーツに関心を抱き、記憶にとどめてもらうことにした。も

ちろん、グループワーク終了後には各グループで作成した成果物を見学し合ったり、教員からコメントをはさんだり、あるいはグループでまとめた内容に出てこなかった事柄を教員から提示し理解を深めるなどしている。なお、アクティブ・ラーニングは、学生に興味のある方法を取れば自然と学習成果が上がるわけではなく、どのような学習活動でも「面白さ」「興味深さ」以外の動機づけと根拠がなければ、学生をハードな学習に向かわせることはできないとの指摘もあり[5]、動機付けや根拠を示すことの重要性は計り知れない。よって、今回も講義の実施前に障害者スポーツについて学ぶ意義などを説明し、学生の学びへのモチベーションを高めたうえでグループワークを行っている。

以上二点を踏まえ、今回のアクティブ・ラーニングによる障害者スポーツに焦点を当てた講義は、学生にとって学び甲斐のあるものになったと思われる。

五　さいごに

これまで述べてきた通り、障害者スポーツについてアクティブ・ラーニングによって学びを深める講義は、学生にとって意義あるものとなったのではないだろうか。

なお、今回は障害者スポーツという名称を使用しているが、近年はアダプテッド・スポーツやパラスポーツをはじめ、様々な名称が用いられている。このことは講義内においても学生に説明した。様々な名称が用いられていること、そしてその意味については、佐藤によっても整理されている[6]。

今後、共生社会の重要性が尚一層述べられ、ダイバーシティーの推進が社会全体として認識を強めていく中においては、障害のある人のスポーツという特別なものとしてではなく、誰もが同じ場で楽しめるスポーツの理解と促進が大切となる。
読者にとっても、本稿を契機に、障害のある人も含めた皆でスポーツを楽しむことの重要性を考えていただきたい。

参考文献

1　スポーツ庁ホームページ参照のこと。
https://www.mext.go.jp/sports/b_menu/sports/mcatetop01/list/1372413_00001.htm

2　藤田紀昭・安藤佳代子・兒玉友「障害者スポーツに関する言葉の認知度および意識に関する研究―二〇一四年～二〇二〇年度の意識の推移に注目して―」日本福祉大学スポーツ科学論集五、八三―八六、二〇二二

3　Bonwell & Eison（一九九一）の定義を松下が翻訳。詳しくは松下佳代編著『ディープ・アクティブ・ラーニング　大学授業を深化させるために』勁草書房、二〇一五

4　新たな未来を築くための大学教育の質的転換に向けて～生涯学び続け、主体的に考える力を育成する大学へ～（答申）（平成二十四年八月二十八日）用語集
https://www.mext.go.jp/component/b_menu/shingi/toushin/__icsFiles/afieldfile/2012/10/04/1325048_3.pdf

5　笠原千絵・山本秀樹・加藤善子「講義科目でアクティブ・ラーニングを可能にする基本構造：社会福

祉専門職教育関連科目における実践から」関西国際大学研究紀要九：一三―二三、二〇〇八

6　佐藤紀子「わが国における「アダプテッド・スポーツ」の定義と障害者スポーツをめぐる言葉」日本大学歯学部紀要四六、一―一六、二〇一八

学生と教職員の協同による図書館活用の活性化
―課題解決型アクティブラーニングの研究―

一　背景

近年は大卒者の就職難や労働市場における厳しい競争、転職やリストラ、倒産も増え、他の職種への転換も当たり前になっていくと考えられており、社会情勢の変化や仕事にまつわる様々な危機に直面した際には、自らそれに対処し、回復していく力の育成が重要視されている。中央教育審議会答申『今後の学校におけるキャリア教育・職業教育の在り方について』（中央教育審議会、二〇一一）において、教育界から産業界へと生涯にわたる円滑なキャリア発達を目指したキャリア教育の必要性が示され、大学生の社会的・職業的自立に向け必要な知識、技能、態度を育てることが強く求められるようになった。

政府関係機関から教育機関等へ提唱・定義されてきた「人間力」（内閣府、二〇〇三）、「社会人基礎力」（経済産業省、二〇〇六）、「学士力」（文部科学省、二〇〇八）、「就業力」（文部科学省、二〇一一）を再整理した『基礎的・汎用的能力』（中央教育審議会、二〇一一）においては、キャリア発達にかかわる諸能力として「仕事に就くこと」に焦点を当て、実際の行動として表れるという観点から、「人間関係形成・社会形成能力」「自己理解・自己管理能力」「課題対応能力」「キャリアプランニング能力」の四つの能力が示され、学習指導要領に大きな影響を与えた。

就職活動や卒業後の仕事に適応していくためのコミュニケーションや思考力などの育成が、変化の激しい現代社会に適応するために切実に求められており、これへの対応としてアクティブラーニング

（以下、ＡＬと表記）が積極的に推進されている。一般的に、汎用的な技能・態度（能力）の獲得は、ＡＬとの親和性が高いことが指摘されている。ＡＬは「知識と技能・態度との連動が重要であり、日常的になじみのある知識ではなく、学習しないと手に入れられない非日常的な知識を獲得し、それを活用する汎用的技能を身につける」（溝上、二〇一一）ことを特徴とするからである。

また、（小山・溝上、二〇一八）は大学生の講義への取り組み方を測定する尺度を開発し、講義への取り組み方は、ＡＬへの取り組み方を媒介し、学習成果にポジティブな影響を与えることを明らかにしている。

しかしながら、先行研究ではＡＬによる学習と学生の講義への取り組み方が、「基礎的・汎用的能力」の変化に及ぼす影響については検討していない。

なお、本研究におけるアクティブラーニングの定義は、次のとおりとする。

「一方向的な知識伝達型講義を聴くという（受動的）学習を乗り越える意味での、あらゆる能動的な学習のこと。能動的な学習には、書く・話す・発表するなどの活動への関与と、そこで生じる認知プロセスの外化を伴う。」（溝上、二〇一四）

二　目的

本研究の目的は、大学図書館で課題解決型アクティブラーニング（以下、図書館ＡＬと表記）を実施し、ＡＬによる学習と学生の講義への取り組み方が、学生の「基礎的・汎用的能力」の変化に及ぼす影響を客観的に示すことで、学生が「基礎的・汎用的能力」を獲得するための効果的なＡＬの活用方法を検討することである。

三　対象と方法

調査対象は地方私立Ａ大学の学生有志十四人（三年生四人、二年生五人、一年生五人）。同大学の倫理審査委員会から承認を得て実施した（受付番号Ｒ２―22）。実施期間は二〇二〇年十月中旬〜二〇二一年二月下旬。新型コロナウイルス感染症対策として、Google Classroom等のオンラインサービスと対面を組み合わせて実施した。

参加学生は三人一組の班に分かれ、大学図書館活用の活性化をテーマとして、次の十種類の企画に取り組んだ。十四人中、十二人が二つ掛け持ちし、二人が三つ掛け持ちした。のべ人数は三十人。

企画①ホームページ・Twitter改善

企画②パンフレット制作

企画③ブックカバー、しおり制作
企画④オリジナルグッズ開発
企画⑤Googleストリートビューを使った広報
企画⑥各種コンテストを広報として活用
企画⑦一階アクティブフロアの活用
企画⑧二階サイレントフロアの活用
企画⑨電子書籍の発行支援
企画⑩大学付属図書館と学内カフェのコラボ

全ての企画は事前学習、企画立案ＡＬ、企画実行ＡＬ、結果発表ＡＬという過程を経て実行された。学生は一つの企画でＡＬを三回実施することになる。

学生の「基礎的・汎用的能力」の変化を測るため、ＡＬに取り組む前の段階でアンケート一回目「基礎的・汎用的能力」、その後のＡＬが一回終わるたびにアンケート二～四回目として「ふりかえり」と「基礎的・汎用的能力」のアンケートを実施した。

全体の詳細な過程は次のとおり。

①事前アンケート「講義への取り組み方」

②ＡＬ自体について事前学習
③アンケート一回目「基礎的・汎用的能力」
④班分け
⑤企画立案ＡＬ
⑥アンケート二回目「ふりかえり」と「基礎的・汎用的能力」
⑦企画の合否判定会議
⑧企画実行ＡＬ
⑨アンケート三回目「ふりかえり」と「基礎的・汎用的能力」
⑩企画の結果発表ＡＬ
⑪アンケート四回目「ふりかえり」と「基礎的・汎用的能力」
⑫終了後アンケート

①事前アンケート「講義への取り組み方」
図書館ＡＬに取り組む前に、参加学生の学習への取り組み方を把握するため、事前アンケートとして「講義への取り組み方」を実施した。この尺度は講義に特有の「聴く」に着眼した学びの効果を検証することを目的に開発され、信頼性と妥当性の検証がなされている。（小山・溝上、二〇一八）
②ＡＬ自体について事前学習

図書館ALの目的や、どのような姿勢、態度で取り組むべきかを理解してもらい、参加学生のモチベーションが向上することを目的にGoogle ClassroomでAL自体について事前学習を実施した。ALによる学習と学生の講義への取り組み方が、学生の「基礎的・汎用的能力」の変化に及ぼす影響を測るため、本研究では「基礎的・汎用的能力」を構成する四つの能力を五段階に分割したオリジナルのルーブリックを設定し、使用した。「基礎的・汎用的能力」を測るための、一般的に広く使われている尺度やルーブリックが見つからなかったためである。

学生自身にも伸びるべき方向性を意識させるため、図書館ALにおける学生の目的は「基礎的・汎用的能力」を構成する四つの能力を伸ばすことであると説明した。また、ルーブリックを印刷して配布し、オンラインでいつでも確認できるので何度でも目的を確認することが重要であると伝えた。

課題解決型ALは「体験すること」が目的ではなく、「体験を通して学び取ること」が目的である。そして、学生自身が体験を解釈する（既に持っている知識や経験と結びつけて、学習を自分のこととして捉えて熟考する）ためには「ふりかえり」が必須である。（和栗、二〇一〇）

ふりかえりで重要なのは、学習目標を明確にすること、学習目標に準拠した達成度合いの基準を設けること、評価方法を検討しておくことである。

「基礎的・汎用的能力」を構成する四つの能力のルーブリック

○ 基礎的・汎用的能力の具体的内容については、「仕事に就くこと」に焦点を当て、実際の行動として表れるという観点から、「人間関係形成・社会形成能力」「自己理解・自己管理能力」「課題対応能力」「キャリアプランニング能力」の四つの能力に整理した。

○ これらの能力は、包括的な能力概念であり、必要な要素をできる限り分かりやすく提示するという観点でまとめたものである。この四つの能力は、それぞれが独立したものではなく、相互に関連・依存した関係にある。このため、特に順序があるものではなく、また、これらの能力をすべての者が同じ程度あるいは均一に身に付けることを求めるものではない。

ア　人間関係形成・社会形成能力 この能力は、社会とのかかわりの中で生活し仕事をしていく上で、基礎となる能力である。特に、価値の多様化が進む現代社会においては、性別、年齢、個性、価値観等の多様な人材が活躍しており、様々な他者を認めつつ協働していく力が必要である。また、変化の激しい今日においては、既存の社会に参画し、適応しつつ、必要であれば自ら新たな社会を創造・構築していくことが必要である。さらに、人や社会とのかかわりは、自分に必要な知識や技能、能力、態度を気付かせてくれるものでもあり、自らを育成する上でも影響を与えるものである。具体的な要素としては、例えば、他者の個性を理解する力、他者に働きかける力、コミュニケーション・スキル、チームワーク、リーダーシップ等が挙げられる。	5
	多様な他者の考えや立場を理解し、相手の意見を聴いて自分の考えを正確に伝えることができるとともに、自分の置かれている状況を受け止め、役割を果たしつつ他者と協力・協働して社会に参画し、今後の社会を積極的に形成することができる。

4	3	2	1
多様な他者の考えや立場を理解し、相手の意見を聴いて自分の考えを正確に伝えることができるとともに、自分の置かれている状況を受け止め、役割を果たしつつ他者と協力・協働して社会に参画することができる。	多様な他者の考えや立場を理解し、相手の意見を聴いて自分の考えを正確に伝えることができるとともに、自分の置かれている状況を受け止め、役割を果たすことができる。	多様な他者の考えや立場を理解し、相手の意見を聴いて自分の考えを正確に伝えることができる。	多様な他者の考えや立場を理解し、相手の意見を聴いて自分の考えを正確に伝えることができない。

イ　自己理解・自己管理能力

この能力は、子どもや若者の自信や自己肯定観の低さが指摘される中、「やればできる」と考えて行動できる力である。また、変化の激しい社会にあって多様な他者との協力や協働が求められている中では、自らの思考や感情を律する力や自らを研さんする力がますます重要である。これらは、キャリア形成や人間関係形成における基盤となるものであり、とりわけ自己理解能力は、生涯にわたり多様なキャリアを形成する過程で常に深めていく必要がある。具体的な要素としては、例えば、自己の役割の理解、前向きに考える力、自己の動機付け、忍耐力、ストレスマネジメント、主体的行動等が挙げられる。

5
自分が「できること」「意義を感じること」「したいこと」について、社会との相互関係を保ちつつ、今後の自分自身の可能性を含めた肯定的な理解に基づき主体的に行動すると同時に、自らの思考や感情を律し、かつ、今後の成長のために進んで学ぼうとすることができる。

4	自分が「できること」「意義を感じること」「したいこと」について、社会との相互関係を保ちつつ、今後の自分自身の可能性を含めた肯定的な理解に基づき主体的に行動すると同時に、自らの思考や感情を律することができる。
3	自分が「できること」「意義を感じること」「したいこと」について、社会との相互関係を保ちつつ、今後の自分自身の可能性を含めた肯定的な理解に基づき主体的に行動することができる。
2	自分が「できること」「意義を感じること」「したいこと」について、社会との相互関係を保ちつつ、今後の自分自身の可能性を含めて肯定的に理解することができる。
1	自分が「できること」「意義を感じること」「したいこと」について、社会との相互関係を保ちつつ、今後の自分自身の可能性を含めて肯定的に理解することができない。

ウ　課題対応能力

この能力は、自らが行うべきことに意欲的に取り組む上で必要なものである。また、知識基盤社会の到来やグローバル化等を踏まえ、従来の考え方や方法にとらわれずに物事を前に進めていくために必要な力である。さらに、社会の情報化に伴い、情報及び情報手段を主体的に選択し活用する力を身に付けることも重要である。具体的な要素としては、情報の理解・選択・処理等、本質の理解、原因の追究、課題発見、計画立案、実行力、評価・改善等が挙げられる。

5	仕事をする上での様々な課題を発見・分析し、適切な計画を立ててその課題を処理し、解決することができる。
4	仕事をする上での様々な課題を発見・分析し、適切な計画を立てることができる。

3	仕事をする上での様々な課題を発見・分析することができる。
2	仕事をする上での様々な課題を発見することができる。
1	仕事をする上での様々な課題を発見することができない。

エ キャリアプランニング能力 この能力は、社会人・職業人として生活していくために生涯にわたって必要となる能力である。具体的な要素としては、例えば、学ぶこと・働くことの意義や役割の理解、多様性の理解、将来設計、選択、行動と改善等が挙げられる。	
5	「働くこと」の意義を理解し、自らが果たすべき様々な立場や役割との関連を踏まえて「働くこと」を位置付け、多様な生き方に関する様々な情報を適切に取捨選択・活用しながら、自ら主体的に判断してキャリアを形成していくことができる。
4	「働くこと」の意義を理解し、自らが果たすべき様々な立場や役割との関連を踏まえて「働くこと」を位置付け、多様な生き方に関する様々な情報を適切に取捨選択・活用することができる。
3	「働くこと」の意義を理解し、自らが果たすべき様々な立場や役割との関連を踏まえて「働くこと」を位置付けることができる。
2	「働くこと」の意義を理解することができる。
1	「働くこと」の意義を理解することができない。

図書館ＡＬにおいては、次のように設定した。
・学習目標：「基礎的・汎用的能力」（中央教育審議会、二〇一一）
・目標達成度合いの基準：「基礎的・汎用的能力」を五段階にしたルーブリック
・評価方法：次の三項目について自由記述する。文字数に制限は設けない。
　1、ふりかえる：自分の活動内容や、同じ班のメンバーや教職員とのコミュニケーションで印象に残ったこと、気づいたこと等。
　2、意味づける：自分の活動内容が、企画の進行や同じ班のメンバーにどの様に貢献できたか。既に持っている自分の知識、経験、技能がどの様に役立ったか等。
　3、指針を決める：次の段階で、自分がどの様に活動するべきか、企画の進行や同じ班のメンバーとどの様に貢献するのが良いか。新しく得た知識、経験、技能を、大学の講義や部活・サークル、アルバイトでどう活かすのが良いか等。
・「基礎的・汎用的能力」ルーブリックを確認し、現時点の自己評価で、最も近い選択肢（段階）を選ぶ。
また、図書館ＡＬの学習フィールドである大学図書館への理解を深めるため、図書館職員による図書館見学案内も行った。
③アンケート一回目「基礎的・汎用的能力」
学生の「基礎的・汎用的能力」の計測は、ＡＬに取り組む前の段階としてアンケート一回目「基礎

的・汎用的能力」を実施した。学生は各段階のアンケートで「基礎的・汎用的能力」ルーブリックを確認し、現時点の自己評価で、最も近い選択肢（段階）を選んだ。

④班分け

企画への参加希望アンケートをもとに、各班に三～一年生の各学年の学生を一名ずつ配置した。

⑤企画立案ＡＬ

企画立案、企画実行、結果発表の各ＡＬは、知識の内化と外化を促す学習として、⑴知識の獲得、⑵協調活動、⑶表出活動、⑷ふりかえりの四つの過程で実施した。

企画立案ＡＬの過程は次のとおり。

⑴知識の獲得：個人で企画書を作成する。予習、話し合いのための材料、アイデアノート作成。

⑵協調活動：班で企画書を作成する。情報、知識、理解、アイデアのすり合わせ、修正。

⑶表出活動：班ごとに企画書を発表（提出）する。他班の学生及び教職員からの意見を聞いて修正。

⑷ふりかえり：「⑥アンケート二回目」で実行する。自身が学んだ内容や経験、反省、改善案を記録。

「⑴知識の獲得」で学生が提案した企画の総数は二十三件で、「⑶表出活動」による修正、改善の結果、十件の企画が「⑦企画の合否判定会議」に提出された。

⑥アンケート二回目「ふりかえり」と「基礎的・汎用的能力」

ＡＬ一回目終了後の計測として、アンケート二回目「ふりかえり」と「基礎的・汎用的能力」を実施した。

⑦企画の合否判定会議

提出された十件の企画に対し、教員、図書館長、図書館職員による合否判定会議を行った。「図書館でやる意義があるかどうか」、「期間内で実施できるかどうか」、「企画の完成度」の三項目で合否を判断した結果、六件の企画を合格とした。なお、企画が不合格になった班は、不合格になった理由を考えて企画を改良するか、代替案を発表することで最後までＡＬに参加した。

⑧企画実行ＡＬ

企画実行ＡＬの過程は次のとおり。

(1)知識の獲得：個人でポスターやパンフレット案の作成、企画の具体的な実行手順等を考え、メモする。

(2)協調活動：班で案のすり合わせ、他班の学生及び教職員からの意見を聞いて修正。

(3)表出活動：企画を実行し、結果、効果を記録する。

(4)ふりかえり：「⑨アンケート三回目」で実行する。自身が学んだ内容や経験、反省、改善案を記録。

⑨アンケート三回目「ふりかえり」と「基礎的・汎用的能力」
AL二回目終了後の計測として、アンケート三回目「ふりかえり」と「基礎的・汎用的能力」を実施した。
⑩企画の結果発表AL
結果発表ALの過程は次のとおり。
(1)知識の獲得：個人で結果発表のプレゼン案を作成。
(2)協調活動：班で結果発表のプレゼン案を作成。情報、知識、理解、アイデアのすり合わせ、修正。
(3)表出活動：班ごとにオンライン発表、他班の学生及び教職員からの意見を聞いて修正。
(4)ふりかえり：「⑪アンケート四回目」で実行する。自身が学んだ内容や経験、反省、改善案を記録。
⑪アンケート四回目「ふりかえり」と「基礎的・汎用的能力」
AL三回目終了後の計測として、アンケート四回目「ふりかえり」と「基礎的・汎用的能力」を実施した。
⑫終了後アンケート
図書館ALについて、参加学生から要望、意見、改善点、感想などをたずねるアンケートを実施した。

なお、図書館ＡＬの実施にあたっては、図書館職員及び学内カフェスタッフの皆様から多大なるご支援、ご協力を頂いた。この場をお借りしてお礼申し上げる。

図書館職員による支援・協力

・事前学習：図書館見学案内

・企画立案ＡＬ：全二十三企画に対しコメント及び企画書完成までの指導、合否判定

・企画実行ＡＬ：全六企画の実行支援、打ち合わせ二十六回

・結果発表ＡＬ：全十企画に講評

学内カフェスタッフによる支援・協力

・図書館と学内カフェのコラボレーション企画への支援・協力

四　結果

学生による企画実行の結果、動画コンテンツを活用したSNSから図書館ホームページへの誘導およびTwitterの改善、学生目線による三種類の新しいパンフレット製作・配布、ブックカバーコンテスト開催、POPコンテスト開催、オリジナルグッズ開発のためのニーズ調査、Googleストリートビューを活用した広報の検討、図書館とカフェロテティのコラボ企画等を実施し、来館者数や図書貸出数の増加等の成果を上げた。

ＡＬの取り組み前、一回目ＡＬ企画立案の後、二回目ＡＬ企画実行の後、三回目ＡＬ結果発表の後の四つの段階の時系列で、観測変数に差があるかどうかを見るために、対応サンプルによるフリードマン検定を実施した結果を表１に示す。基礎的・汎用的能力とＡＬのふりかえりの全ての観測変数について、有意な差が見られた。

次に、ＡＬによる学習と、学生の講義への取り組み方が「基礎的・汎用的能力」の変化に及ぼす影響を調べるために、共分散構造分析を実施した結果を図１、図２に示す。なお、データ数が少ないため分析結果は参考値である。

図１より、ＡＬは学生の「基礎的・汎用的能力」の向上に有効であり、また、ＡＬによる学習を繰り返すことも「基礎的・汎用的能力」の向上に有効であることが示唆された。

図２より、講義への取り組み方が「基礎的・汎用的能力」にポジティブな影響を与えていることが示唆された。また、講義への取り組み方より一回目ＡＬの方が、「基礎的・汎用的能力」に与える影響が大きいことが示唆された。さらに、ＡＬに取り組む前

表１　観測変数の対応サンプルによるフリードマン検定の結果

	観測変数	有意確率	*:p<0.05 **:p<0.01
基礎的・汎用的能力	人間関係形成・社会形成能力	0.002	**
	自己理解・自己管理能力	0.000	**
	課題対応能力	0.002	**
	キャリアプランニング能力	0.014	*
ALのふりかえり	ふりかえり	0.000	**
	意味づけ	0.015	*
	指針決定	0.000	**

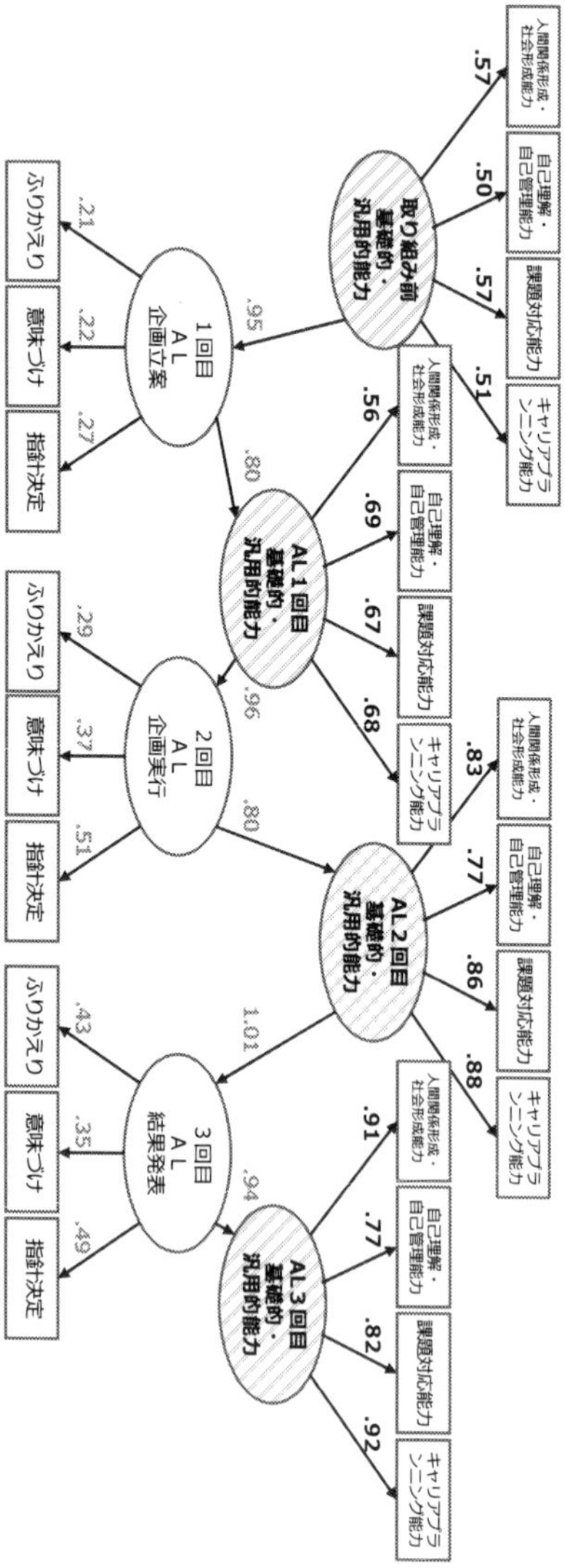

図1　アクティブラーニングによる「基礎的・汎用的能力」の変化

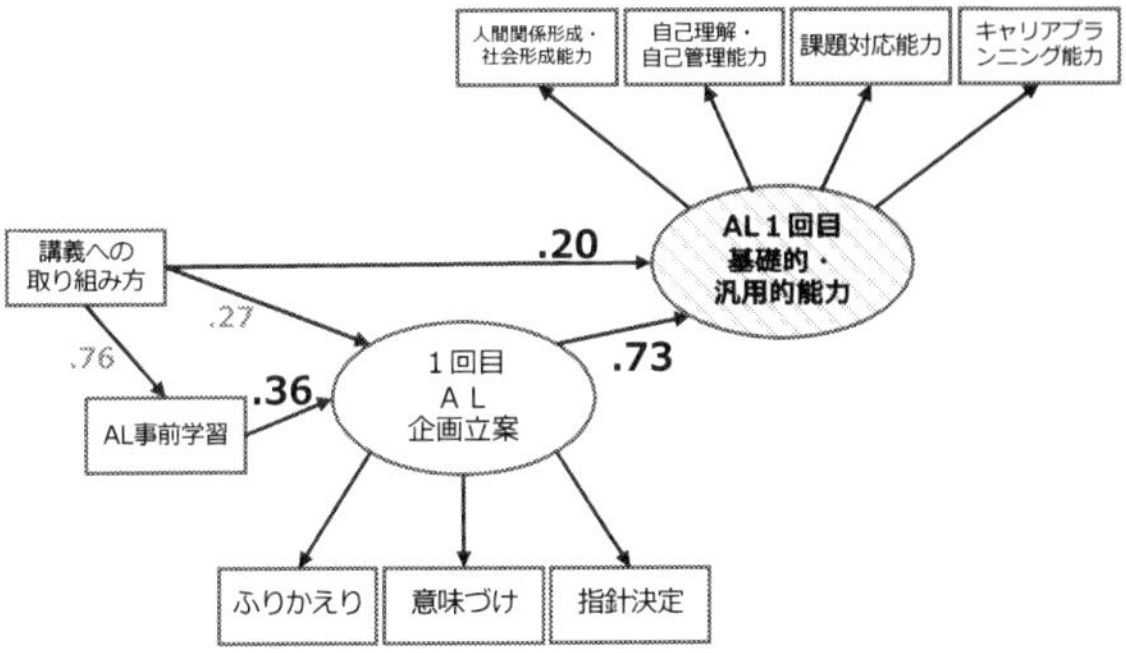

図２　講義への取り組み方の影響

の、ＡＬについての事前学習が有効であることが示唆された。

図３、図４は終了後アンケートにおいて、要望・意見・改善点・感想など尋ねた結果をユーザーローカル　テキストマイニングツール（https://textmining.userlocal.jp/）で分析した結果である。

図３はスコアが高い単語を複数選び出し、その値に応じた大きさで示している。「図書館ＡＬ」が中心で、その周辺には「学び取る」「創る」「活動」「目的」「懸命」「自主的」「進め方」「積む」「取り組む」「尋ねる」等、「聴く学習」だけではあまり出現しないであろうキーワードが並んでおり、参加学生が図書館ＡＬの目的をよく理解し、積極的に取り組んだ者が多かったことを表していると考えられる。

図４は文章中に出現する単語の出現パターンが似たものを線でつないだ図で、出現数が多いほど大きく、また共起の程度が強いほど太い線で示されている。「経験」「積む」「成長」「できる」「活動」から、図書館ＡＬが学生の成長を促す内容

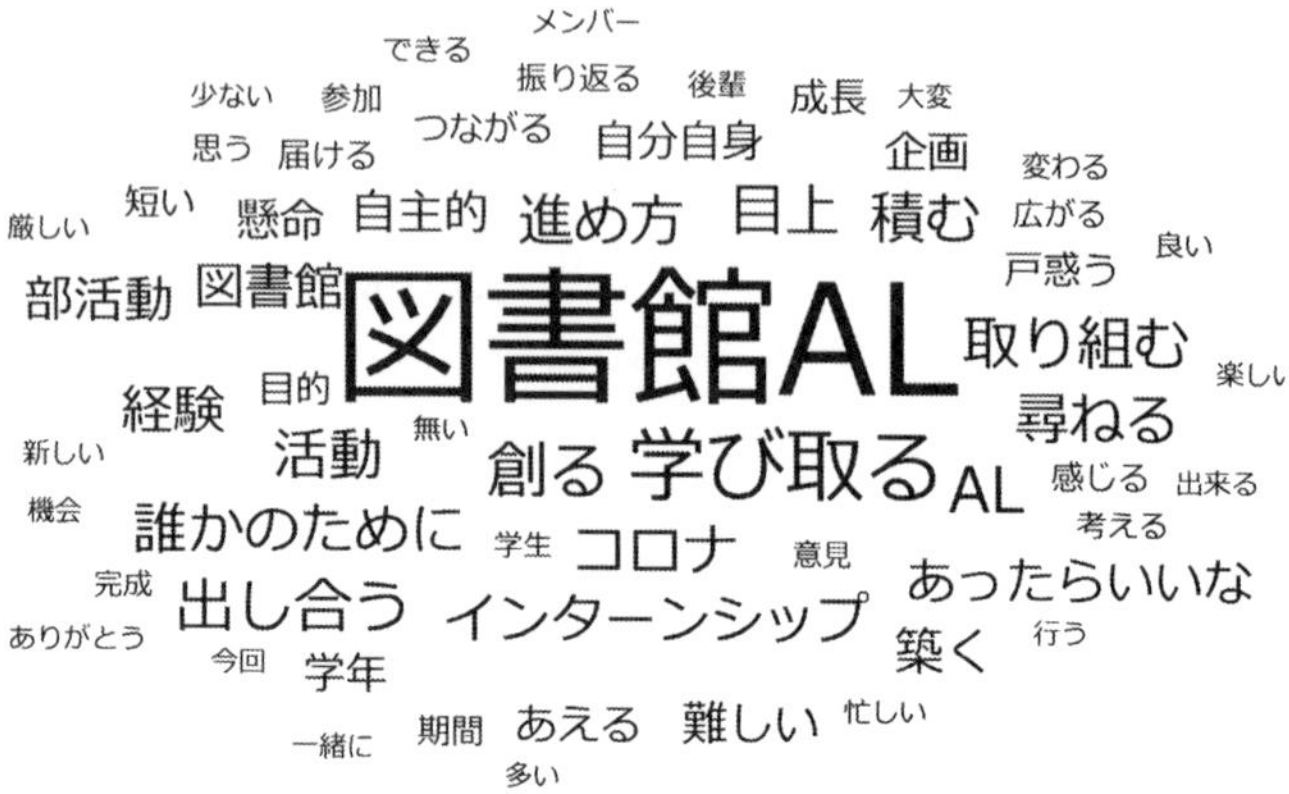

図３　図書館ALに参加して（ワードクラウド）

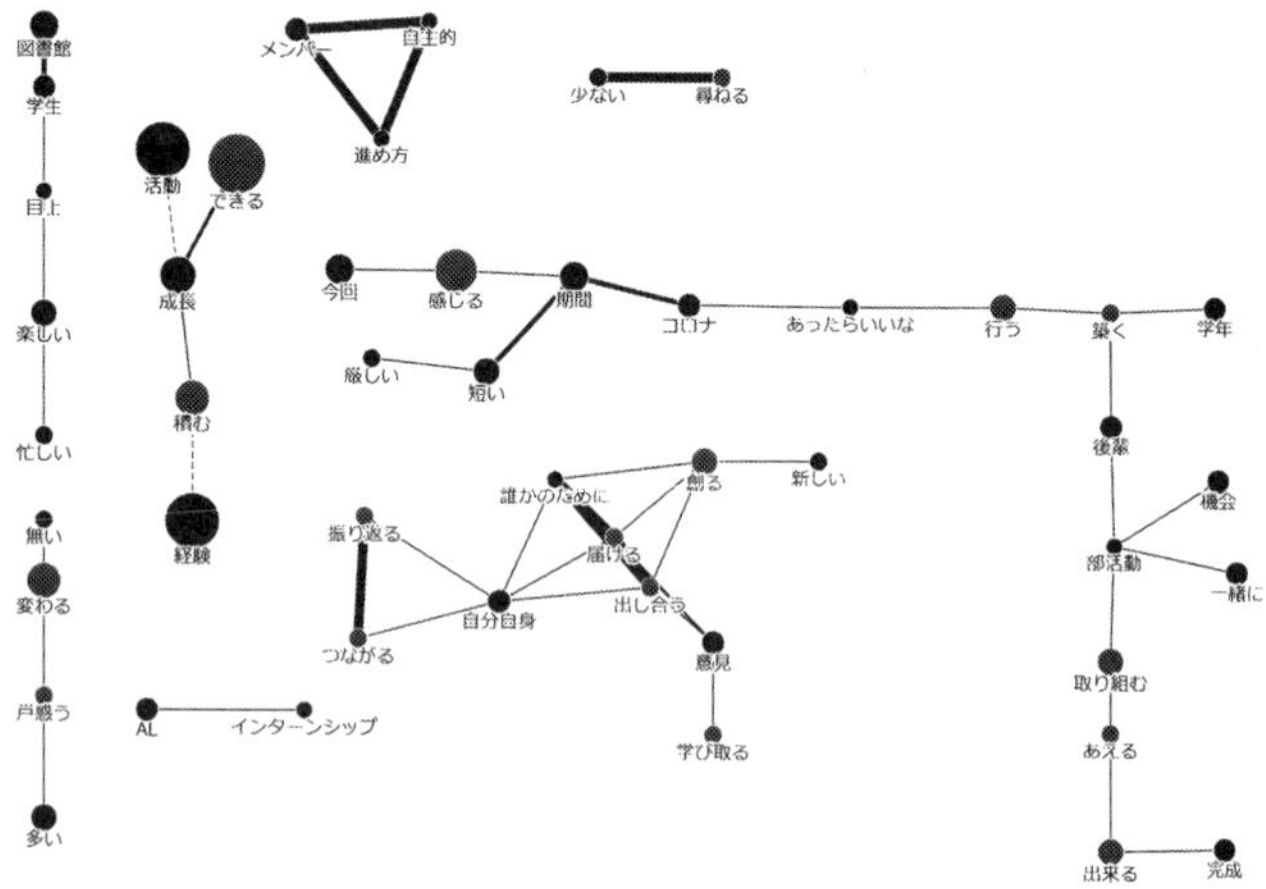

図４　図書館ALに参加して（共起ネットワーク）

であったと評価されたことが分かる。また、「メンバー」「進め方」「自主的」は元データを参照すると、班長であった学生がメンバーの指導や全体的な進め方を自主的に考えるきっかけになったため、非常に良い経験になったという主旨の回答をしていた。また、図書館ＡＬの活動内容がインターンシップ先で高く評価されたという意見もあった。そして、コロナ禍の影響で、時間が短く厳しいと感じるという意見もあった。

以上をまとめると、大学図書館からの積極的な支援が得られる環境で実施する課題解決型アクティブラーニングは、学生の「基礎的・汎用的能力」にポジティブな影響を与え、また参加した学生からも高く評価される効果的な学習方法であるといえよう。

五　今後の課題

今後も図書館ＡＬの取り組みを継続し、参加者を増やしながら教育成果を上げていく。また、図書館ＡＬの改善策として、ＡＬの事前学習の内容に前年度の成果を含めて内容をより充実させる。また、コロナ禍の影響があった事と、一人の学生が二〜三の企画を掛け持ちするのは時間が不足気味であったので、次年度以降は一人の学生が参加するのは一企画のみとする。そして、ＡＬの体験を学習成果にするための「ふりかえり」の精度を上げるため、次年度以降はＡＬの仕組みとして「一日一行日誌」を組み込む。さらに、図書館ＡＬの進行途中で学年、企画の採用・不採用、企画タイプ別等で

「ふりかえり」をＡＩテキストマイニングで分析して学生に提示することで、教育内容の改善に役立てる。

参考資料

中央教育審議会（二〇一一）今後の学校におけるキャリア教育・職業教育の在り方について、中央教育審議会答申
溝上慎一（二〇一一）アクティブラーニングからの総合的展開―学士課程教育（授業・カリキュラム・質保証・ＦＤ）、キャリア教育、学生の学びと成長―、河合塾（編）、東信堂
小山理子、溝上慎一（二〇一八）「講義への取り組み方」と「アクティブラーニングへの取り組み方」が学習成果に与える影響、日本教育工学会論文誌　四一（四）、三七五―三八三
溝上慎一（二〇一四）アクティブラーニングと教授学習パラダイムの転換、東信堂
和栗百恵（二〇一〇）「ふりかえり」と学習―大学教育におけるふりかえり支援のために―、国立教育政策研究所紀要　第一三九集
松田岳士（二〇一八）巻頭言　特集号「アクティブラーニングのデザイン・実践・評価」刊行にあたって、日本教育工学会論文誌　四二（三）、一八七―一八九
福山佑樹、山田政寛（二〇一八）高等教育におけるアクティブラーニング実践研究の展望、日本教育工学会論文誌　四二（三）、二〇一―二一〇
大山牧子、松田岳士（二〇一八）アクティブラーニングにおけるＩＣＴ活用の動向と展望、日本教育工学

会論文誌　四二（三）、二一一―二二〇
安田孝、野口理映子、直井玲子（二〇一六）アクティブラーニングの反復がジェネリックスキルの変化に及ぼす影響―Project-based Learning型授業を用いた検討―、松山東雲女子大学人文科学部紀要　二四、四三―五六
安田孝（二〇一七）アクティブラーニングの反復がジェネリックスキルの変化に及ぼす影響（2）、―Project-based Learning型授業を用いた検討―、松山東雲女子大学人文科学部紀要　二五、一一三―一二七
安田孝（二〇一八）アクティブラーニングの反復がジェネリックスキルの変化に及ぼす影響（3）―社会的スキルへの影響―、松山東雲女子大学人文科学部紀要　二七、一―一〇
本田直也（二〇一七）講義型授業での授業外オンライン協働学習の講義型授業での授業外オンライン協働学習の試み―学習意欲を高めるための工夫と改善―、コンピュータ&エデュケーション　四三
池田史子、畔津忠博（二〇一二）複数教員によるレポート評価のためのルーブリック形式の評価表導入に関する検証、日本教育工学会論文誌　三六（ＳｕｐｐＬ）、一五三―一五六
ユーザーローカル　テキストマイニングツール（https://textmining.userlocal.jp/）

第三部

十　図書館

第三部について

第三部は、現役の図書館長と図書館事務長がそれぞれの視点からここ五年の図書館の変化について書いている。それぞれが完成させた原稿を、最終的に図書館長が手を入れてご覧の形になった。

勤務先の図書館のルポルタージュではない。完全委託の職員集団で運営される図書館と大学教員の館長のコンビネーションで、どんなスタイルの図書館がありうるのか。その可能な一つの姿をモデル化する意図で、特定の個体に関する情報を抽象的な条件に変換した。

条件がそろうと、こういうタイプの図書館になる。これがいい図書館であるかどうかは読者の判断に委ねたい。しかし、都会の大私学や国立大学の図書館とは似ていなくても、限られた人数で一歩一歩状況を改善していこうとするこの手のスタイルの図書館も悪くはないと思うのだが。

変化する大学図書館の一つのモデルケース

はじめに

モデルとなる大学図書館は、私立の総合大学の附属図書館である。

大学は、戦前にスタートした法人の下で戦後に設立され、どの大都市圏にも属さない地方都市を拠点に複数のキャンパスを展開する、学生定員数千人の中規模校である。図書館のあるキャンパスは市街地にあり、薬学、保健、家政、政策、教育、等多岐にわたる学部・学科が置かれている。キャンパスの中央に位置する図書館は、地上四階建て、築後すでに四半世紀を超えている。図書館は全面委託によって運営されている。

本稿では、モデルとなる大学図書館の五年間（二〇一七～二二年）の歩みを、「年表」[1]と「館内見取り図」[2]で振り返りながら、この間の「変化」に着目して、特に、新たに取り組んだ「空間づくり」と「学生協働」を取り上げて紹介したい。

一　空間づくり

(1)　空間づくり前夜の図書館

本題に入る前に少し「空間づくり前夜の図書館」について触れておきたい。二〇一七年一〇月に図書館事務長に着任した筆者の印象では、当時の館内の様子について、「本を借りに行くところ」、「静かに自習するところ」と言っても過言ではなかった。

ここでは、図書館のうち一階フロアの様子を「館内見取り図」（二〇一七年四月現在）を見ながら振り返ってみようと思う。まずは、一階フロア中央。一九九四（平成六）年の開館当時のレイアウトをそのまま引き継ぐAVコーナー[3]、参考図書コーナー、大型図書コーナーが位置していた。AVブースでたまに目にする学生の姿を除けば、いつも人影の少ない、閑散とした様子だった。続いて、一階フロアにある新着図書コーナー。そこにはブックジャケットを外して装備された図書が配架されており、全ての新着図書を配架するだけの十分なスペースもなく、新たに受入れた資料の多くが「新着コーナー」でお披露目することなく、二階の開架書架に直行するという状況にあった。最後に、ラーニング・コモンズ[4]。ここでは個人学習向けのキャレル一六席が占拠しており、グループ学習に最適な可動式椅子・机一二セットは併設のミニセミナールームに整然と並べられている状態であり、とてもグループ学習をする雰囲気ではなかった。時折、ラーニング・コモンズで自習している学生から、ほかの学生の話し声が気になり集中できない、との苦情が寄せられた覚えがある。

二〇一七年当時の図書館を改めて思い起こすと、入館する学生の多くは自習目的であり、それゆえに数多くの閲覧机やキャレルを備えた二階フロアは「静かに自習するところ」であっただろうし、自動貸出返却装置がある一階フロアは「本を借りるところ」とみなす学生も少なくなかったように思う。

(2) 図書館「ゾーニング」の設定と館内レイアウトの見直し

二〇一七（平成二九）年一二月、図書館長から示された図書館ゾーニングの方針に基づき、学生の学習スタイルに応じたゾーニングを次のとおり設定した。

・一階は、学生同士で会話をしながら学習ができる「アクティブフロア」とする。
・二階は、静かに集中して学習する「サイレントフロア」とする。

図書館にまつわる「静かに自習するところ」という偏ったイメージを覆す狙いを込めて、特に一階アクティブフロアの整備に注力した。

二〇一八（平成三〇）年の三月、同月末を目途にゾーニングを踏まえた館内レイアウトの大幅な見直しを行い、わずか一カ月の間に、一階フロアのラーニング・コモンズ、児童書・絵本コーナー、新着図書コーナーや二階フロアの参考図書コーナー、大型図書コーナー、資格試験コーナー併設の自習室などの改修を終えた。[5] その後、同年一〇月の入退館ゲート設置場所の変更、翌一一月の購買部[6]の移転開業を経て、館内レイアウトの大半は今日の姿に至った（年表および見取り図参照）。

かつてない規模で様変わりした図書館。特に一階「アクティブフロア」の持つインパクトは大きく、学生や教職員からは、図書館が変わった、良くなった、とのお声を数多くいただけるようにもなった。

さらに、大学の広報誌（二〇一九年四月発行）の特集記事に図書館が取り上げられるとともに、図書館一階の写真が同誌の表紙を飾るなど、これまでになく注目を集めることとなった。学生の図書館利用にも変化の兆しが現れ始めており、ラーニング・コモンズで会話をしながらグループ学習をしたり、ソファに座って手に取った本を自由に読んだりする学生の姿を目にするようになった。

一階アクティブフロアの中核を担うラーニング・コモンズのその後について、最後に触れておきたい。二〇二〇年三月、学生のラーニング・コモンズ利用ニーズの高まりに応えて、可動式椅子・机一七セットを補充。これにより、ラーニング・コモンズを授業の場として活用する道も開かれ、場所を借り切っての最大三〇名規模の授業に対応できるようになった。アクティブラーニングを取り入れた授業が行われることが多く、単発での利用だけでなく、二〇二一年には前期すべての授業をラーニング・コモンズで行われるケースも見られた。また、二〇二一年五月には、一階フロア南窓側のスペースにもホワイトボード・可動式椅子・机を配置し、一階アクティブフロア全体のラーニング・コモンズ化を進めた。

ここ一年余りの、開講期におけるラーニング・コモンズの盛況ぶりは目覚ましいものがある。授業が終わったその足で、数名の学生が連れ立って来館し、ラーニング・コモンズへ直行するパターンが目立つ。学生同士で、授業の予習・復習、定期試験や国家試験対策などを行うものが多い。また学生グループが、長時間熱心に討論している場面を見かけることもしばしば。ホワイトボードを使って進めるのが彼らのスタンダードとなっている。

(3) 学生と本との出会いの演出 ～魅せる空間づくり～

前述の館内レイアウトの見直しを転機として、図書館が学生にとってもっと身近で親しみやすい存在になることを目指したさまざまな取り組みが始動した。その中から、「魅せる空間づくり」に焦点をあて、次の三点について触れてみたい。

一点目は、ブックジャケットをそのまま使用して図書装備を行うよう変更した後、本格的に導入した、本の表紙を正面にして目立つように並べる「面展示」[7]である。表紙の情報量の多さゆえに、背表紙を見せて並べるのと比べ、「面展示」の方が本を手に取ってもらいやすい。

二点目は、一階フロア新着図書コーナーの拡張とそれに伴う「面展示」の充実である。全ての新着図書を配架するだけの十分なスペースを確保したことにより、ブックジャケットつきの真新しい本の数々をお披露目する、新刊書店に似た明るい雰囲気の空間が生まれた。

三点目は、一階フロアの玄関から中央階段に延びる主要な動線（以下「メインストリート」という）を舞台とした「本との出会い」の場の創出である。そして、その場を演出するのは「キューブボックス」[8]を用いた本の展示である。館内の主要動線でありながら、これまで「通路」としての意味しか持たなかった空間は、キューブボックスを組み合せた本の展示が島状に点在する「本との出会い」の場に生まれ変わった。

一階フロアのメインストリートでは、通りすがりにふと立ち止まって本を手に取る学生があとを絶たない。また、メインストリート沿いの新着図書コーナーから文庫・新書コーナーにかけての辺りでは、思いがけない本との出会いを楽しみに見て回る学生・教職員の姿も目にするようになった。

二　学生協働

(1)　図書館における一学生との「学生協働」の試み

二〇一九年八月初日のこと。本学のメディア系学科二年のKさん（以下「学生Kさん」という）からの、図書館職員デザインの図書館オリジナルブックカバーに触発され、自らもデザインした図書館のブックカバーを図書館で使ってもらえないか、という申し出に端を発し、図書館における「学生協働」[9]の試みが始まった。学生が自らの意思で企画から実行までを担い、主体的に活動することを基本とした。図書館職員は協力・支援者として学生と関わり、企画段階から相談に応じ、適宜助言するというスタンスに立った。本学図書館における「学生協働」の萌芽となる。

学生Kさんとの学生協働は単発に終わらず、図書館オリジナルブックカバーとしおりの制作を皮切りに、学生Kさんの発案による学内イベント・読書週間限定施設利用推進企画「図書館×学内カフェ」の開催・運営および同イベントのポスター制作、一階「アクティブフロア」と二階「サイレントフロア」を示すピクトグラム（絵文字）の制作、学生目線で図書館の魅力を紹介するリーフレットの制作に至るまで、丸八カ月の間、ほとんど途切れることなく新たな展開を見せ、続々と成果を上げていった。

(2)　可能性豊かな学習フィールドとしての図書館　～図書館アクティブラーニングへの参画～

二〇二〇年一〇月、本学の令和二年度の教育研究推進事業に採択された「学生と教職員の協同による図書館活用の活性化―課題解決型アクティブラーニングの研究―[10]（以下「図書館ＡＬ」という）」が始動。前述の図書館における一学生との「学生協働」の成果を踏まえて本研究が立案された経緯から、本研究に図書館職員が参画・協力することとなった。

ここで、図書館ＡＬにおける図書館職員の支援・協力について触れておきたい。参加する学生は、事前学習、企画立案、企画実行、結果発表の順に、四つのプロセスを踏む。そして、一企画につき企画立案ＡＬ・企画実行ＡＬ・結果発表ＡＬの三つのアクティブラーニングを行う。各プロセスに対し、図書館職員は次を行う。

・事前学習では、図書館見学を行い、図書館の現状を説明。
・企画立案ＡＬでは、すべての企画に対しコメントや助言、企画書完成までの指導および合否判定。
・企画実行ＡＬでは、採択されたすべての企画に対し実行支援。
・結果発表ＡＬでは、採否を問わずすべての企画に対し講評。

なお、令和二・三年度図書館ALの概要については、「年表」に掲載しているので、そちらを参照いただきたい。

いずれの図書館ALとも年度の後半に実施され、図書館職員の支援・協力は、一〇月中旬から一二月中旬にかけての企画立案および企画実行に集中した。この間の学生との対面による打ち合わせは、令和二年度は二六回、令和三年度は一六回に及んだ。必要に応じて企画書作成の指導も行った。合否判定のポイントは、㈠ 図書館で行う意義の有無、㈡ タイムスケジュール、㈢ 企画の完成度の三点とした。

支援・協力の心構えとしては、前述の図書館における一学生との「学生協働」と同様、主役は学生であり、学生が主体性を発揮できることを最優先した。さらに、企画の成果もさることながら、その過程で、学生本人が何に気づき、どのような学びを得たのかに重点を置いた。

図書館ALを終えた学生からは、「学生同士や教職員との話し合いを重ねるにつれて図書館ALが楽しくなり、参加意欲が高まった」「積極的に意見を言えるようになった」「コミュニケーション能力が向上した」「今後もさまざまな活動でメンバーと協力し、問題を解決できる力を養いたい」など、さまざまな感想が出た。

図書館ALへの参画を通じて、次の二点を見いだすことができた。

一つは、図書館が、学生の社会的・職業的自立に向けて必要な知識・技能・態度を育てる「可能性豊かな学習フィールド」であり、アクティブラーニングの実践の場であると位置づけられうることである。

もう一つは、図書館職員が、「学生のキャリア教育面での支援者」としての役割も担いうることである。

令和四年度後期のメディア系の学科の正規の授業に「図書館ＡＬ」が組み込まれることとなった。大学図書館の「学習支援及び教育活動への直接の関与[11]」を念頭に教員との連携を進めながら、引き続き図書館ＡＬへの参画を通じて、さらなる「学生の活動機会の提供」に努めたい。

おわりに

ここまで、当館のこの五年間（二〇一七～二二年）の「変化」に着目して、新たに取り組んだ「空間づくり」と「学生協働」について紹介してきた。その他にも様々な取り組みを進めており、できる限り「年表」で紹介した。最後に、全面委託による図書館運営を担う図書館職員チームについて触れておきたい。現在、チームのメンバーは筆者を含む六名。ここ四年に掲げたチームビジョンは次の通り。

・「MORE ACTIVE ～変化を起こすひとになる～」（令和元年度）
・「KEEP ACTIVE ～変化し続ける図書館へ～」（令和二年度）

・「THE BEST PLACE ON CAMPUS ～学生の記憶に残る図書館を目指して～」（令和三年度・四年度）

チームビジョンが示すとおり、チーム全員が「変化を起こすひと」としてまず一歩を踏み出し、行動したからこそ今の図書館があるものと確信する。特に、二〇一八（平成三〇）年の三月に行った館内レイアウトの見直しをチーム一丸となってやり遂げたという経験は大きかった。そして、図書館に届いた「図書館が変わった」や「良くなった」といった反響の声に大きな手応えを感じるとともに、それが次なる新たな取り組みの原動力となっている。変化をよしとし、「先ずアイデアをカタチにする。そこから次の新たなアイデアが生まれる」という経験を重ねる中でチームメンバーのチャレンジ精神と行動力も育まれてきた。そのおかげで、「学生協働」などの新たな取り組みにも躊躇することなく迅速かつ柔軟に対応できたものと感じる。また、コロナ禍のような緊急対応においても同じことが言える。

改めて年表で振り返ってみると、新たな取り組みの中には、チーム内での雑談や誰かのちょっとした一言や行動から生まれたものが数多く見受けられる。また、思わぬ人との出会いに端を発したものから、突然のオファーによるものまで様々ある。いずれも予定調和のない、まさに挑戦的かつ創造的な取り組みであったと言えよう。

今後は、以前にも増して教職員とも連携を図りながら、これまでの経験から培ったチームの力を発揮して図書館を運営するとともに、図書館の「場」を活かした「学生の活動機会の提供」を通じて、学生の記憶に残る図書館を目指していきたい。

年表　図書館の歩み　二〇一七（平成二九）年―二〇二二（令和四）年

二〇一七（平成二九）年

四月　●図書館長にM教授が就任。
●新図書館システム（株式会社リコー製のLIMEDIOクラウド版）が稼働。
九月　●一階「AVコーナー」[3]にあったAV資料（ビデオ・LD・CD）を三階閉架書庫に移設。
一〇月　●I図書館事務長に代わり、N図書館事務長が着任。
一一月　●一階「文庫・新書コーナー」[12]を設置。
一二月　●学生の学習スタイルに応じたゾーニングを次のとおり設定。
・一階「アクティブフロア」　学生同士で会話をしながら学習ができるフロア
・二階「サイレントフロア」　静かに集中して学習するフロア

二〇一八（平成三〇）年

二月　●二階開架書架に、日本十進分類法の分類記号および分類項目名を表示した「分類板」を設置。

三月　●ゾーニングを踏まえた館内レイアウトの大幅な見直し。

㈠　一階ラーニング・コモンズ[4]をアクティブフロアの中核として位置づけ、それに相応しい模様替えを実施。ラーニング・コモンズ内の個人学習向けのキャレルを撤去し、ミニセミナールームにあった可動式椅子・机一二セットおよびホワイトボードを配置することにより、グループ学習がしやすい環境を整備。

㈡　図書館一階に購買部が移転することが決定。二階にあったレファレンスカウンターを一階に移設し、同店舗のカウンターに転用。

㈢　二階にあった「絵本・児童書コーナー」を一階絵本ライブラリー[13]前に移設。

㈣　一階にあった「参考図書コーナー」を二階フロア中央階段の正面に移設。

㈤　一階にあった「大型図書コーナー」を二階フロア南寄り東壁沿いに移設。

㈥　二階グループ閲覧室を廃して資格試験コーナーを併設する自習室に改装。室内のキャレルは、一階ラーニング・コモンズから移設。

●一階「本学関係資料コーナー」を設置。

四月　●「図書館利用規程」を施行。

六月

●「図書館資料除籍要領」を施行。
●「図書館間相互貸借・文献複写要領」を一部改正施行。
●企画展示「新生活応援特集」を開催。
●図書装備の方針変更により、ブックジャケットをそのまま使用することを原則とする（従来はブックジャケットを外していた）。
●一階「地域連携コーナー」を設置。
●二階フロア中央階段両脇の二室に分かれていた「検索・コピーコーナー」について、南側一室に集約するとともに、北側を自習室に改装。
●二階談話室を廃して自習室に改装し、三階閉架書庫にあったキャレルを配置。
●一階「電子ブックコーナー」を廃し、二階談話室にあったソファを配置した、ゆっくりとくつろげるスペースに改装。
●一階ミニセミナールーム内にあった電子黒板を一階フロア中央に移設。普段は図書館の利用案内を表示するデジタルサイネージ（電子看板）として活用。また、新入生向け図書館ガイダンスでは説明用のモニターとしても活用。
●図書館職員のデザインによる図書館オリジナルブックカバーとしおりを制作し、配布を開始。
●企画展示「明治維新一五〇年」を開催。

七月　●一階「Books on Japan コーナー」[14]を設置。
八月　●一階入退館ゲート前に、図書館職員の手書きによる告知用のスタンド黒板を設置。
九月　●購買部の移転に伴い、一階ブラウジングコーナー[15]を縮小整備。同コーナーにあった余剰の閲覧机二台はラーニング・コモンズ窓側に移設。
一〇月　●ツイッター（Ｔｗｉｔｔｅｒ）による情報発信を開始[16]。
●企画展示「ＬＧＢＴ」を開催。
●入退館管理システムの更新に伴い、入退館ゲートの設置場所を玄関寄りに変更。玄関ホール・前理事長記念室・ブラウジングコーナーを含む従来のノーチェックゾーンを廃して全館セキュリティゾーンに変更し、施設のセキュリティ強化を図る。
一一月　●購買部[6]が図書館一階フロア南西の一角に移転オープン。
●本の表紙を正面にして目立つように並べる「面展示」[7]を増やす方針をとり、一階新着図書コーナーを中心に「面展示」用スペースを拡張整備。
●企画展示「クリスマス」を開催。
一二月　●一階絵本コーナーで「原書＋翻訳書セット」展示を開始[17]。

二〇一九（平成三一・令和元）年

一月　●企画展示「野生鳥獣の今を知ろう」を開催。

二月　●図書館蔵書検索システムに「目次検索・表示機能」を追加。

三月　●大学広報誌第八七号「図書館特集記事」の取材・編集に協力。

四月　●私立大学図書館協会二〇一九・二〇二〇年度西地区部会役員校（中国・四国地区理事校）に就任。事務局を本図書館内に置く。

●企画展示「新生活応援特集」を開催。

●特別展示「新元号〝令和〟の出典・万葉集（寛永版本）」を開催。新元号「令和」の発表から程なくして、貴重書庫内の和古書の中に『万葉集（寛永版本）』を確認。いち早く一階前理事長記念室で展示。地元マスメディアの取材を受け、次のとおり報じられる。

・「フォーカス徳島」四国放送　二〇一九年四月四日放送（テレビ番組）

・「江戸前期の万葉集展示　大学、来月末まで」『徳島新聞』二〇一九年四月五日号

●読書クラブ（図書館長主催）[18]が発足。

●私立大学図書館協会西地区部会中国・四国地区協議会二〇一九年度総会が一九日、徳島市のあわぎんホールで開催。理事校として開催の準備・運営にあたる。

五月　●企画展示「レオナルド・ダ・ヴィンチ没後五百年」を開催。

●企画展示「平成～激動の１１、０７０日～」を開催。

六月　●企画展示「江戸のレシピ本」を開催。

●一階文庫・新書コーナーの拡張整備に伴い、ラーニング・コモンズにあった書架を同コー

ナーに移設。

七月　●貴重書（江戸期のレシピ本）を活用した特別授業を実施。短期大学部の生活系学科専門教育科目「食生活論」を履修する学生向けに、特別に『豆腐百珍』をはじめとする江戸期の料理本（和古書）一四点を手で触れることのできるように展示し、図書館職員が解説。

●一階フロアの玄関から中央階段に延びる主要な動線（以下「メインストリート」という）上に、キューブボックス[8]を組み合せた本の展示を島状に点在させ、新たな「本との出会い」の空間を創出。

八月　●図書館における一学生との「学生協働[9]」の試みが始動。メディア系学科二年のKさん（以下「学生Kさん」という）からの持ち込み企画に端を発し、学生Kさんによる図書館オリジナルブックカバーとしおりの制作が始まる。図書館職員は協力・支援者として学生と関わり、企画段階から相談に応じ、適宜助言。本学図書館における「学生協働」の萌芽となる。

●図書館イベント「ＰＯＰで紹介おススメ本」を開催。

九月　●一階総合カウンターに、余剰のＰＣモニターを活用したデジタルサイネージを設置。図書館のお知らせ、おススメ本の紹介、本学掲載の新聞記事などを盛り込んだスライドショーを連続再生。

一〇月　●企画展示「お金と経済」を開催。

●学生Kさん発案の学内イベント・読書週間限定施設利用推進企画「図書館×学内カフェ」開催[19]。

一一月　●学生Kさんとの「学生協働」は新たな展開をみせ、次の取り組みが始動。

・一階「アクティブフロア」と二階「サイレントフロア」を示すピクトグラム（絵文字）の制作

・学生目線で図書館の魅力を紹介するリーフレットの制作

●イベント「本のＰＯＰをつくろう」を開催。

●一階ブラウジングコーナーのガラス壁沿いに可動式椅子・机を配した小さな交流スペースを設置。

一二月　●社会科学系学部の授業において一階ブラウジングコーナーの全国地方紙の活用が推進される。

二〇二〇（令和二）年

三月　●大学広報誌第八九号「大学図書館だより」の取材・編集に協力。

●学生の自主的なグループ学習をより一層促進するため、一階ラーニング・コモンズに可動式椅子・机一七セットを新たに補充。

●前述のピクトグラム二種類が完成し、館内フロアの案内表示として採用。

四月

●前述のリーフレット「少しちがう図書館の過ごし方」が完成し、キャンパス内で配布。
●図書館における新型コロナウイルス感染症対策として、次を実施。
㈠　学外利用者の入館利用停止、㈡　一階ラーニング・コモンズの臨時閉室、㈢　二階閲覧席の席数制限、[20]㈣　手指消毒用アルコール液の設置、㈤　館内換気の励行
●企画展示「百年前のパンデミック」を開催。
●インターネットを使ったオンライン形式の前期授業が開始（二〇日）。
●新型コロナウイルス感染症感染拡大防止のための構内閉鎖（学生の入構制限）に伴う臨時休館（以下「構内閉鎖に伴う臨時閉館」という）を実施。ただし、教職員の来館サービス（平日午後五時まで）は維持。

五月

●図書館資料の貸出配送サービスを開始（二七日〜六月一三日）。
●二階キャレルの席数制限を実施。
●一階ラーニング・コモンズの臨時閉室を一部解除。シラバス参考図書の閲覧に限り入室可とし、ＰＣ席の利用およびグループ学習は不可とする。
●私立大学図書館協会西地区部会中国・四国地区協議会二〇二〇年度総会（メール審議）を開催（二六日〜六月一〇日）。理事校として開催の準備・運営にあたる。
●一階ブラウジングコーナー閲覧席の席数制限を実施。

六月

●一階学術雑誌コーナーの一部余剰となった雑誌架に、一階ＤＶＤ架にあった資料を移して

配架。
●一階および二階の閲覧席の席数制限を更に強化。

七月
●対面による授業の開始に伴い通常どおり開館（一六日）。
●クラシックに特化したインターネット音楽配信サービス「ナクソス・ミュージック・ライブラリー」を導入し、提供を開始。
●構内閉鎖に伴う臨時閉館および図書館資料の貸出配送サービスを再開（八日〜三一日）。

八月
●一階文庫・新書コーナーの拡張整備に伴い、元ＤＶＤ架を同コーナーに移設。

九月
●閲覧席の席数制限により間引いた椅子を全て四階フロアの仮置き場に移動。
●企画展示「選挙を知ろう　選挙に行こう」を開催。
●本学の令和二年度教育研究推進事業に採択された、メディア系学科教員と図書館長の共同研究「学生と教職員の協同による図書館活用の活性化―課題解決型アクティブラーニングの研究―」[10]（以下「図書館ＡＬ」という）」が始動。この研究に図書館職員が協力・支援するとともに、学生協働を通じた「可能性豊かな学習フィールドとしての図書館」（学生の活動機会の提供）の実現を目指す。

一〇月
●〈令和二年度図書館ＡＬ〉メディア系学科学生有志一五名・担当教員・図書館長・図書館職員出席のもとキックオフミーティングを開催。
●〈令和二年度図書館ＡＬ〉企画立案段階での学生に対する図書館職員の支援活動が始まる。

一一月　●構内閉鎖に伴う臨時閉館および図書館資料の貸出配送サービスを再開（一二三日〜三一日）。
●〈令和二年度図書館ＡＬ〉担当教員・図書館長・図書館職員出席のもと合否判定会議を開催。提案された企画二三件から六件を採択。
●一階フロアのメインストリートに「令和二年度社会科学系学部学生選書コーナー」を設置。

一二月　●二階開架書架の資料配架の適正化計画が始動。書架のリフレッシュを図るため、旧版や複本を間引いて書架にゆとりを持たせるとともに書架の空いたスペースに「面展示」を行う。ＮＤＣ（日本十進分類法）五類から着手。なお、間引いた資料は三階閉架書庫に移動。
●〈令和二年度図書館ＡＬ〉企画実行段階での学生に対する図書館職員の支援活動は一二月上旬にピークを迎える。企画立案段階も含め学生との対面による打ち合わせは、計二六回に及ぶ。一二月下旬までに、「ＰＯＰコンテスト」「ホームページ・ツイッターの改善のための提案書とマニュアルの作成」「図書館広報を目的としたパンフレット作成」などの企画が実行される。
●一階「就活支援コーナー」を設置。

二〇二一（令和三）年

一月　●構内閉鎖に伴う臨時閉館および図書館資料の貸出配送サービスを再開（六日〜二七日）。

二月　●一階フロア南窓側の電源コンセントを増設。

●企画展示「渋沢栄一」を開催。

●〈令和二年度図書館ＡＬ〉学生による結果発表プレゼンの後、全企画について図書館職員から講評を行う。

三月　●私立大学図書館協会西地区部会役員校（中国・四国地区理事校）を任期満了により退任。

四月　●学外からのリモートアクセス可能な電子コンテンツを拡充[21]。

●構内閉鎖に伴う臨時閉館および図書館資料の貸出配送サービスを再開（七日〜一七日）。

五月　●構内閉鎖に伴う臨時閉館および図書館資料の貸出配送サービスを再開（六日〜一五日）。

●企画展示「ありがとう　エリック・カール」を開催。

●一階フロア南窓側の閲覧席およびＡＶコーナーの視聴ブースを廃してラーニング・コモンズに模様替え。これを機に一階アクティブフロア全体のラーニング・コモンズ化が進む。

六月　●本学図書館が所蔵する電子ブックの利用促進を図るため、書影とＱＲコードを印字したプレートを作成し、「使ってみよう電子ブック！」と題して館内の壁面や書架に設置。

●二階閲覧席の席数制限を一部緩和。

●ウェブ上の仮想本棚「徳島キャンパスの本棚」を開設[22]。

●一階フロアのメインストリートに「令和三年度社会科学系学部学生選書コーナー」を設置。
●一階ラーニング・コモンズ内に「館長セレクションコーナー」を設置。
七月
●丸善雄松堂株式会社の第一〇回Knowledge Navigator賞（団体部門）において、本学図書館が「クオリティ賞」を受賞[23]。
●一階「防災関連コーナー」を設置。
●構内閉鎖に伴う臨時閉館および図書館資料の貸出配送サービスを再開（一九日〜二三日）。
●ウェブ上の仮想本棚「沖縄の本棚」、「防災の本棚」および「就活の本棚」を開設。
●企画展示「オリンピック　トウキョウ２０２０」を開催。
●イベント「図書館でレコード鑑賞会」を開催。
八月
●構内閉鎖に伴う臨時閉館および図書館資料の貸出配送サービスを再開（二四日〜九月三〇日）。
九月
●一階フロアの回転式タワー本棚に「ＳＤＧｓ（持続可能な開発目標）一七分野の目標に関する図書」を展示。
●看護系学科の専門教育科目「看護研究方法論」を履修する学生向けに、図書館職員による医中誌Ｗｅｂの検索についての解説動画を四本制作。
●一階フロアのメインストリートに沿って新着図書の「面展示」が多数並ぶ平台に余剰の

PCモニターを活用したデジタルサイネージを設置。
●西日本図書館学会福岡県支部定例会〝丸善雄松堂の知の拠点づくり〟において本学図書館職員が発表。発表題目と発表者は次のとおり。
「可能性豊かな学習フィールドとしての図書館（学生の活動機会の提供）」
N事務長　O職員
●右の発表データを再収録した動画（二八分）を制作。

一〇月

●二階郷土資料コーナーに「沖縄・奄美の本」と「四国四県の本」の両コーナーを併設。
●企画展示「投票に行こう　10月31日」を開催。
●〈令和三年度図書館ＡＬ〉メディア系学科学生有志一一名・担当教員・図書館長・図書館職員出席のもとキックオフミーティングを開催。
●スマートフォン用充電ケーブル貸出サービスを開始。
●企画展示「恋愛小説」を開催。
●一階入退館ゲート前に掲示板を設置し、当日館内で行われる催事や授業のスケジュール案内を開始。

一一月

●企画展示「教養～大学生に読んでほしい教養本～」を開催。
●〈令和三年度図書館ＡＬ〉企画立案段階での学生に対する図書館職員の支援活動が始まる。
●〈令和三年度図書館ＡＬ〉担当教員・図書館長・図書館職員出席のもと合否判定会議を開

催。提案された企画四件すべてを採択。

一二月　●〈令和三年度図書館ＡＬ〉企画実行段階での学生に対する図書館職員の支援活動は一二月上旬にピークを迎える。企画立案段階も含め学生との対面による打ち合わせは、計一六回に及ぶ。一二月中旬までに、「動画を見るだけで⁉　図書館の新しい魅力を発見してみた！」「ブラインドブック企画」「新しい本との出会いを運ぶ栞」「図書館ＡＬの公式ＬＩＮＥ開設」の四企画が実行される。

●一階「ＳＤＧｓコーナー」を設置。

二〇二二（令和四）年

一月　●構内閉鎖に伴う臨時閉館および図書館資料の貸出配送サービスを再開（一一日〜一四日、二一日〜三月一九日）。

●二階研究個室（四室）のうち一室を「館長執務室」に改修。

二月　●ウェブ上の仮想本棚「本学キャンパスの本棚」を有効活用するため、「キーワード索引（五十音順）」を開設。[24]

●全館各フロアの施設名称を確定するための現地確認調査を実施。

●〈令和三年度図書館ＡＬ〉学生による結果発表プレゼンの後、全企画について図書館職員から講評を行う。

●四階フロアの一室に仮置きされていた不要什器を撤去。同室をフリースペースとして新たに整備。

三月
●ウェブ上の仮想本棚「ＳＤＧｓの本棚」を開設。
●大学広報誌第九三号「学生サポートガイド２０２２—学修面のサポート・図書館—」の取材・編集に協力。

四月
●二階「学びの始まり（入門書コーナー）」を開設。[25]
●館長室のカーペットを新調。
●図書館に学生の活動拠点を設ける試みとして、四階フロアのフリースペースを図書館倶楽部（仮称）メンバーの「ＶＩＰルーム」として開放。
●一階ラーニング・コモンズを貸し切り利用した前期授業（福祉系学科の専門教育科目「就労支援サービス」）が開講。
●二階研究個室（四室）のうち一室を「祈祷室」として整備。

五月
●一階企画展示「生きてるうちに読みたい名作」を開催。
●一階エントランスで学生支援課・保健センター共催の「禁煙キャンペーン特別展」を開催。
●二階検索・コピーコーナーの検索端末台数を四台から二台に削減。
●二階自習室のキャレルの席数制限を解除。

六月　●企画展示「脱炭素」を開催。
　　　●一階フロアのメインストリートに「令和四年度社会科学系学部学生選書コーナー」を設置。
　　　●一階館長室の窓側の一部をショーウィンドーに見立てて「蔵書のセレクト展示」を開始。
七月　●企画展示「闘う女性」を開催。
　　　●短期大学部の司書資格科目「情報資源組織演習」の授業支援として、NACSIS-CATによる目録作成演習の講師を図書館職員が担当。
八月　●三階編集室を改装して図書館倶楽部（仮称）の活動拠点を設ける準備を進める。
九月　●第五二回私立大学図書館協会西地区部会中国・四国地区協議会研究会において本学図書館職員が発表。発表題目と発表者は次のとおり。
　　　「可能性豊かな学習フィールドとしての図書館～令和三年度図書館アクティブラーニングの取り組み事例～」
　　　　O職員
　　　●三階フロアの編集室を図書館倶楽部（仮称）メンバーの活動拠点として開放。
一〇月　●メディア系学科の一般教育科目「基礎ゼミナールB」の授業支援が始動。
　　　●前述の「基礎ゼミナールB」を履修する学生向けに「パスファインダー」[26]を作成。

（2階）

1．閲覧席
2．開架書架
3．キャレル
4．検索・コピーコーナー
5．絵本・児童書コーナー
6．レファレンスカウンター
7．グループ閲覧室
8．マイクロフィルム室
9．研究個室
10．談話室

（1階）

1．玄関ホール
2．入退館ゲート
3．総合カウンター
4．自動貸出返却装置
5．検索コーナー
6．ノートPC自動貸出機
7．新着図書コーナー
8．AVコーナー
9．参考図書コーナー
10．閲覧席
11．大型図書コーナー
12．学術雑誌コーナー
13．コピーコーナー
14．絵本ライブラリー
15．ラーニング・コモンズ
16．PCコーナー
17．ミニセミナールーム
18．シラバス参考図書コーナー
19．館長室
20．新聞閲覧台（全国紙・徳島新聞）
21．ブラウジングコーナー（地方紙）

（2階）

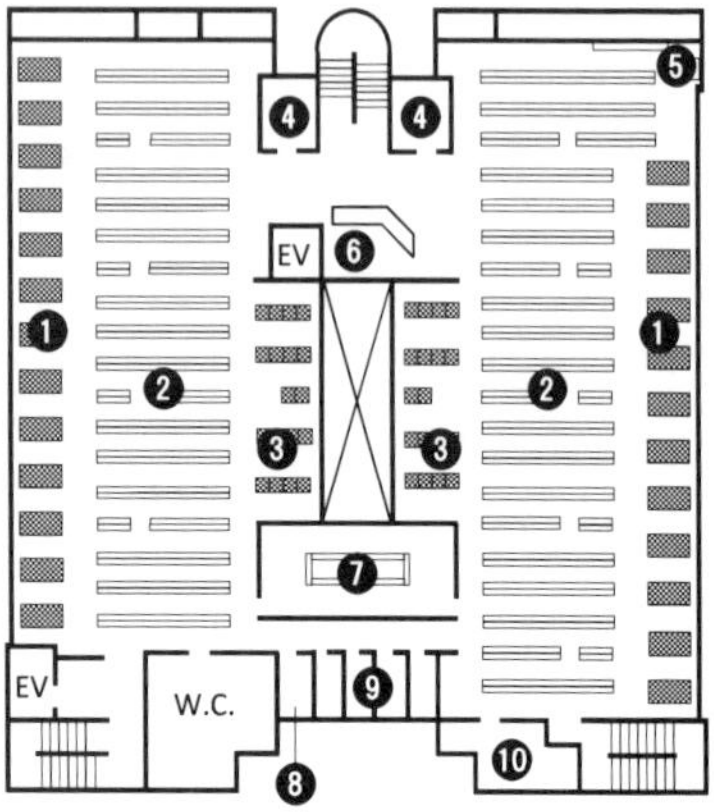

（1階）

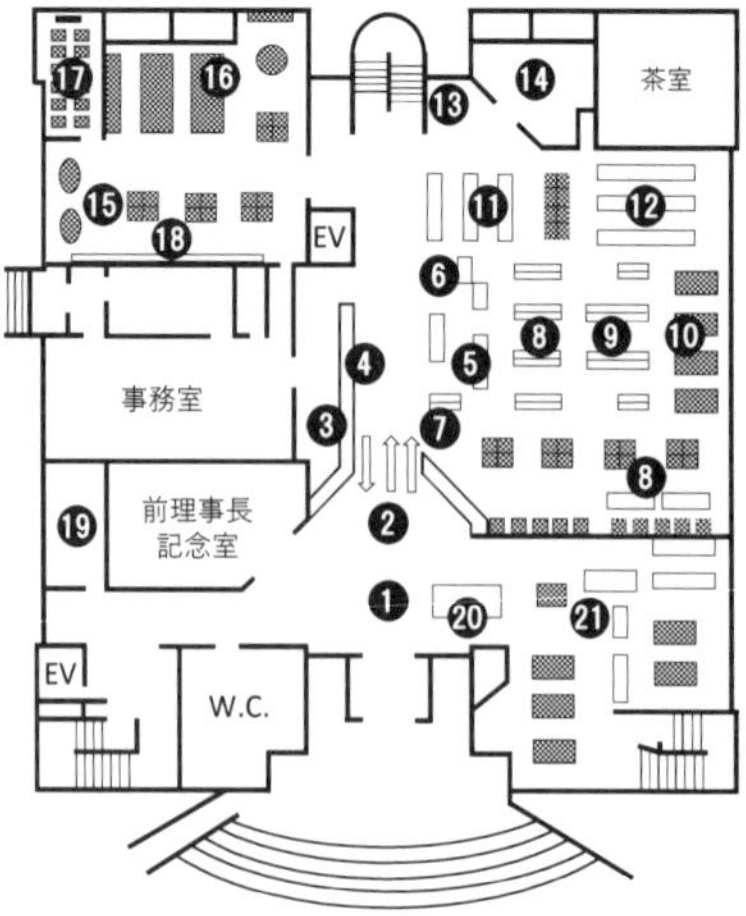

館内見取り図　2017年4月1日現在

（2階）

1．閲覧席
2．開架書架
3．キャレル
4．自習室
5．検索・コピーコーナー
6．大型図書コーナー
7．参考図書コーナー
8．学びのはじまり
9．自習室・資格試験コーナー
10．マイクロフィルム室
11．研究個室
12．祈祷室
13．館長執務室

（1階）

1．玄関ホール
2．入退館ゲート
3．総合カウンター
4．自動貸出返却装置
5．検索コーナー
6．新着図書コーナー
7．ノートPC自動貸出機
8．就活支援・本学関係資料コーナー
9．SDGs・地域連携・防災関連コーナー
10．文庫コーナー
11．新書コーナー
12．学術雑誌・DVDコーナー
13．Books on Japan
14．コピーコーナー
15．絵本ライブラリー
16．児童書・絵本コーナー
17．ラーニング・コモンズ
18．PCコーナー
19．ミニセミナールーム
20．シラバス参考図書コーナー
21．学修支援コーナー
22．館長室
23．新聞閲覧台（全国紙・徳島新聞）
24．ブラウジングコーナー（地方紙）
25．購買部

（2階）

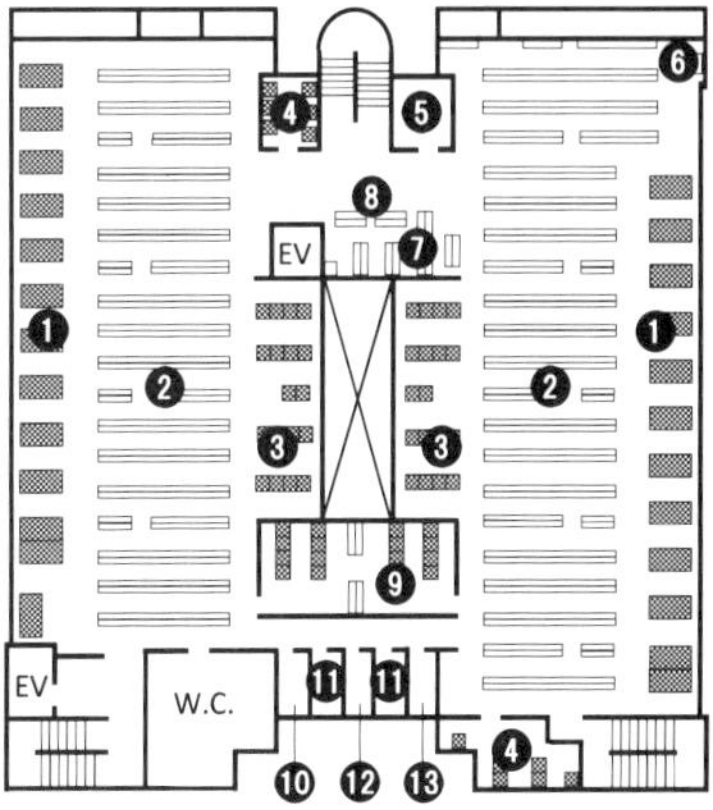

（1階）

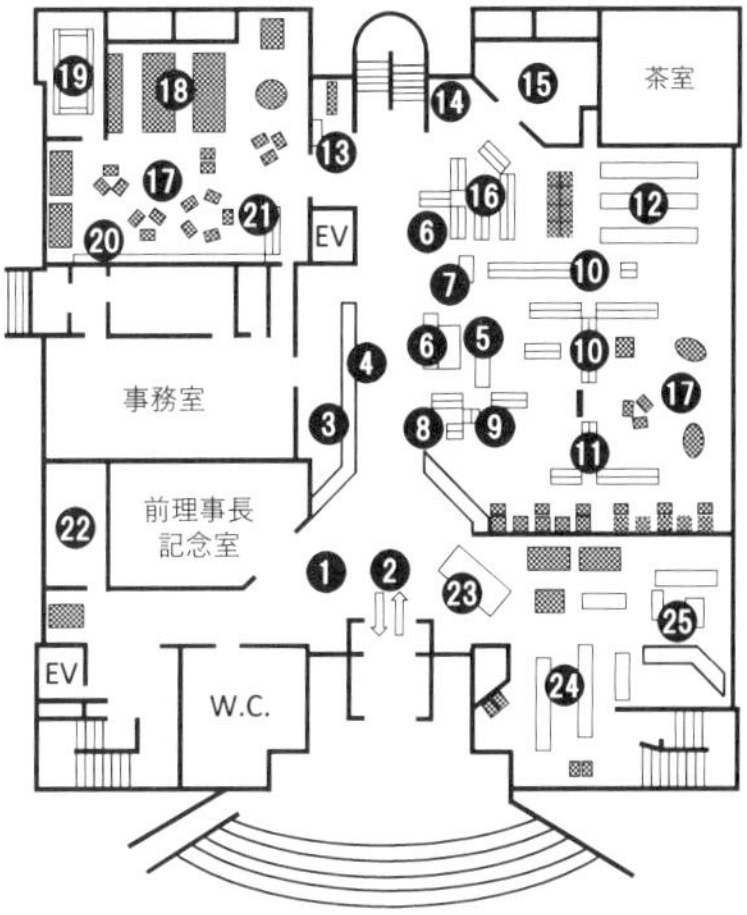

館内見取り図　2022年10月1日現在

註

1　年表は、図書館の「日誌」（平成二九年度〜令和四年度）を基に作成した。

2　館内見取り図は、一階・二階を対象として、二〇一七年四月および二〇二二年一〇月の現況を示す。

3　一九九四（平成六）年の開館当初、ＡＶ資料（ビデオ・ＣＤ・ＬＤ）約三千点を収容するとともに、それらを自由に利用できるよう、開架式ＡＶ資料架および三四台の視聴ブースを備えた。かつて昼休みには満席となる盛況ぶりを見せたというＡＶブース。スマートフォンで動画を楽しむ昨今の学生の足が遠のくのは無理もなく、二〇二一（令和三）年五月、ＡＶコーナーは廃止。その後、館内でのＤＶＤ利用は、ラーニング・コモンズ内のＰＣコーナーおよび館内貸出用ノートＰＣで視聴することとしている。

4　図書館情報学用語辞典第５版（丸善出版）によれば、ラーニング・コモンズ（learning commons）とは「学生の学習支援を意図して大学図書館に設けられた場所や施設。具体的には、情報通信環境が整い、自習やグループ学習用の家具や設備が用意され、相談係がいる開放的な学習空間を言う。」である、とされている。二〇一四（平成二六）年三月、一階フロア北東の一角（旧国際コーナー）を改修整備し、電子黒板、プロジェクター、可動式椅子・机を備えたラーニング・コモンズ（多目的学習共用スペース）として新設。常設のデスクトップＰＣ二六台のＰＣコーナーおよびミニセミナールームを併設。

5　来館者の少ない春期休業期間に合わせての短期決戦。図書館職員総出で連日、フロアをまたいでの資料や什器の移動を伴う大掛かりな配置換えを敢行。二階にあったレファレンスカウンターの一階への移動を除き、ほかの什器の移動はすべて図書館職員のみで行った。移動には台車を用い、書架一つひとつを職員が息を合わせての上げ下ろし。また、レイアウトは試行錯誤の連続。すべて現物を前にして職員同士で意見し合い、書架の向きや位置を調整しながら進めた。一階フロアの新着図書コーナー、児童書・絵本コーナーでは、それぞれ「T字型」、「くの字型」の書架の配置に工夫の跡が見える。

6　文具、教科書、白衣などを取り扱う。

7　面展示には、スチール製ブックエンド（逆T字型）の側板を適度に傾けたブックスタンドを使用。二〇二二（令和四）年一〇月一日現在、一階新書コーナーの配架資料の三四・六パーセントにあたる一六一冊を「面展示」している。

8　サイズは幅三四五×奥行二九五×高さ三四五ミリメートル。色は白。素材はプリント化粧繊維板。フレキシブルで自由度の高い展示ができるのが特長。そもそもは、筆者が偶然にも左記雑誌面上で目にした宮崎県都城市立図書館本館の、自由に並べ替えることのできる木箱架にヒントを得て、図書館職員と検討する中でカラーボックススが浮上したのが事の始まり。

・「「本」の未来。」『自遊人』（自遊人）第一九巻第四号（通巻一三一号）

9　大学図書館における学生協働の取り組み事例については、次のウェブサイトが参考になる。

中国四国地区大学図書館協議会「第一一回大学図書館学生協働交流シンポジウム　開催記録」二〇二二（令和四）年九月発表（https://simone2.lib.okayama-u.ac.jp/?p=527）［二〇二二年一〇月一日アクセス］

10　メディア系学科の助教（当時）と福祉系学科の教授（図書館長）の共同研究。令和二・三年度の二カ年事業。詳しくは、本書第二部の長濱の論文を参照されたい。

11　科学技術・学術審議会学術分科会研究環境基盤部会学術情報基盤作業部会「大学図書館の整備につい

て（審議のまとめ）：変革する大学にあって求められる大学図書館像」二〇一〇（平成二二）年一二月発表（http://www.mext.go.jp/b_menu/shingi/gijyutu/gijyutu4/toushin/1301602.htm）［二〇二二年一〇月一日アクセス］

12　文庫・新書コーナーの資料はすべて新規に購入している。当初の資料数は、岩波文庫・講談社学術文庫などの文庫八〇三冊、岩波新書・中公新書などの新書八二八冊に及ぶ。後に、ちくま学芸文庫・ちくま文庫などレーベルの充実に伴い、段階的にコーナーを拡張整備。二〇二二（令和四）年一〇月一日現在、文庫七八九三冊、新書三〇六四冊をそろえる。コーナーに配したソファで文庫本を読み耽る学生の姿は今や日常の光景となっている。

13　洋書の絵本約二千冊が、子どもが選びやすい低めの絵本棚に並ぶ。また小さな椅子と机を配し、絵本の読み聞かせにも対応している。

14　日本語学習や日本文化を紹介する図書を集めた留学生向けのコーナー。徳島をはじめとする日本各地の多言語観光パンフレットも置いている。

15　一階ブラウジングコーナーでは、本学学生出身県の代表的地方紙をそろえている。配送上の理由から多少のタイムラグを経ての閲覧となるが、学生が故郷の情報に触れることができるよう、開館以来続けている。二〇二二（令和四）年一〇月一日現在、北海道から沖縄までの地方紙四六種が閲覧できる。

16　図書館の公式アカウントにおいて、図書館からのお知らせ、図書館の活用法、本の紹介などの情報発信を行っている。

17　一階絵本ライブラリーの洋書絵本を生かした企画展示。原書と翻訳書を読み比べて英語に親しむきっかけづくりを提案。

18　学生を対象に、図書館長が小説を中心に作者の経歴や作品の時代背景、作者が影響を受けた周辺の人物などの情報を踏まえながら、イチ押しの本を紹介。開講期の毎週木曜日の昼休みのひととき館内で開催され、学部・学科・学年を越えた交流の場となっている。

19　図書館で文庫本を一冊借りると学内カフェで販売されているクロワッサンが無料になる特典企画。

20　席に使用禁止の張り紙を貼るのは美観や雰囲気を損ねることから行わず、椅子を一部撤去して座席間に間隔をとるようにした（六人掛けを四人掛けに変更）。

21　自宅から利用できる電子コンテンツは次のとおり。医中誌Ｗｅｂ（ＮＰＯ医学中央雑誌刊行会）・MedicalFinder（株式会社医学書院）・メディカルオンライン（株式会社メテオ）・Maruzen eBook library（丸善雄松堂株式会社）。

22　株式会社ブクログが運営するウェブ上の仮想本棚サービス「ブクログ」を導入し、図書館の蔵書を新旧問わず網羅的に登録。ブクログの特長（視覚に訴える書影、本棚の優れた一覧性、タグの付与、カテゴリによる分類）を生かして、現実の本棚とは異なるさまざまな切り口から多彩な仮想本棚を提供。

23　二〇一一（平成二三）年以来、毎年図書館の現場で優れた成果をあげた丸善雄松堂株式会社アカデミック・プロセス・ソリューション事業部のチームに対して授与される賞。講評によると、利用者（学生）参加型の企画等を通して、学生目線での業務展開を図り、サービス向上につなげた模範的な例として高く評価された。

24　仮想本棚の本に付与したタグ（キーワード）を五十音順に配列した索引ページをウェブ上に開設し、キーワードを選んで仮想本棚にアクセスできるようにしている。二〇二一年一〇月一日現在、キーワードは、「アイヌ」から「ワクチン」まで二七五種に及ぶ。

25　初学者向けの入門書・教科書を集めたコーナー。「有斐閣アルマ」をはじめ、「学ぶ人のために（世界思想社）」「やわらかアカデミズム・〈わかる〉シリーズ（ミネルヴァ書房）」「絵でわかるシリーズ（講談社サイエンティフィック）」「マンガでわかるシリーズ（オーム社）」など二〇二二（令和四）年一〇月一日現在、二八六冊をそろえる。

26　図書館情報学用語辞典第5版（丸善出版）によれば、パスファインダー（pathfinder）とは「利用者に対して、特定の主題に関する各種情報資源や探索方法を紹介・提供する初歩的なツール。」である、とされている。一科目の履修生向けに編集したパスファインダーページをウェブ上に開設し、スマートフォンから手軽に閲覧できるよう工夫した。

図書館長雑感　二〇二二年夏

図書館長就任五年目である。今後の仕事のためにも、このあたりで振り返りがあったほうがよい。思いつくままに、自由に書く。論文のように事実確認も推敲もしない。虚飾や忖度も廃して、現時点での純粋な主観的思い（と思い込み）を述べたい。

一、館長就任時の回想

1

二〇一七年四月にキャンパス附属図書館の館長になった。

当時私は、四十歳代の准教授で、主に一般教育系の授業を担当していた。加えて、所属学科の初年次教育担当の教務委員と一般教育研究部会の部会長を務めていた。

大学運営の補助的な役目を引き受けることもあったが、総じて私は、若手扱いの平凡な現場教員にすぎなかった。そんな私が、それまでの仕事とはつながりのない、図書館長に任じられた。右も左もわからない。しかし、ノープランで動くと行動の修正も場当たり的になり効率が悪いので、とりあえず、手元にあったキャンパス活性化案をベースに動こうと決めた。キャンパス活性化案は、個人の研究として少しずつ手を加えてきた教育再生案である。もともとは研究部会の仕事としてつくりはじめたものであった。

2

キャンパス活性化案の基底にあるのは、単位制度の実質化である。

大学は単位制の学校である。単位認定を行う正課の授業が教育の中心にあり、それをすべての組織や行事・イベントがサポートする。大学は、その活動の表層をとらえると多種多様な現象を含む。しかし、基本にあるのは、正課の授業での教育的な経験を通して得られた一定の知識・技能を単位取得者が有することを単位認定権限者が保証する、単位制度である。スイミングスクールや剣道場と同じ仕組みだ。大学はシンプルな学校である。

大学は、十二世紀には存在していた。近代国家の成立よりも前から存在するので、近代発祥の教育機関が担う未成年の保護と管理という課題とは無関係である。小・中・高の学校は、働く大人の邪魔にならないように未成年を一ヶ所に集めて保護しつつ、年齢別に行動管理をする。そのうえで、社会人としてひとり立ちできるまで教育も行う。近代的教育機関は、近代社会の複雑さに対応した複雑な役割を果たさねばならない。片や、大学はただ、特殊な知識・技能を教えるだけでよい。そのほかは、状況に応じてやったりやめたりするだけのことだ。

もちろん、以上は原理原則論である。実際には、ただ教えるだけのためにも、教えること以外にやらねばならないことがある。しかし、あくまで中心にあるのは正課の授業だ。この中心を忘れると大学は迷走する。逆に、どんなに活動の幅を広げても、中心を忘れていなければ問題はない。困難に際して軌道修正が効くからである。

キャンパス活性化案は、キャンパスの組織のすべてが、正課の授業を中心にした学生の行動に対応した役割に徹することを求める案である。正課の授業は、学生の行動に着目すれば、複数の段階から成る一連の過程である。すなわち、授業の選択、授業の登録、事前学修、授業への参加、事後学修、という各段階である。また、これらの各段階はそれぞれが複数の小段階から成り、さらに一連の過程は反復されつつ終局にある評価・単位認定という大きな段階に向かう。

こうした各段階・各小段階それぞれに学生の行動へのサポートが必要であり、さらに過程全般についてのサポートも必要である。本学の諸機関がこうした正課の授業のどこをどうサポートするのか。サポートが手薄になるので組織を補充すべきところはどこなのか。キャンパス活性化案の中心はこうした問題に答える具体的な詳細から成る。しかしここでは、図書館は、事前学修、事後学修は当然として、授業そのものへのサポートもすべきだと提案していたことだけを記しておく。

3

前述したように、単位制度の実質化が、キャンパス活性化案の基底にある。

一方で、キャンパス活性化案の出発点にあるのは、キャンパスに対する私の最初の印象である。十数年前、新入社員として本学に赴任してきた当時、私にはすでに多種多様な教育現場を渡り歩いてきた経験があった。その経験に照らして、私には本学のキャンパスは、静かすぎるように感じられた。大学は大人が主体的に学ぶ場である。だから、うまくいっている大学では、あちらこちらで多様な活動が行われている。しかし、本学の学生は、勤勉に授業に出席するものの、授業が終わるとすぐに帰宅する。

私は、学生が、授業以外の活動にも積極的に参加するキャンパスにしたかった。そのために、高い出席率がある授業を軸に据え、キャンパスの各所に出向く理由を学生に付与しようとした。それが、単位制度の実質化を本学のキャンパスの活性化に応用する案をつくろうとした出発点である。

キャンパス活性化案については以上である。

4

説明の道程で触れた大学のシンプルさについて、補足しておきたい。

私が成果とみなすのは、卒業生の質の向上である。卒業生の質を決めるのは、社会からの評価である（もちろん今私は学者や教師として言っているのではない）。在学中の教育についての評価は、学生に対する教員からの評価も教員に対する学生からの評価も、最終的にその学生が卒業生となって以後に世の中で受ける評価に総括される。つまり、輩出した学士に対する評価が、その学士号を授与した機関に対する評価である。どのような卒業生を輩出したかという実績で、大学自体が社会に評価される。成果や評価の面でも、大学はシンプルな学校なのだ。強い剣士を輩出した道場は繁栄する。大学も同じことだ。

大学という教育機関の生き残り戦略は、このシンプルな成果主義が基本となる。もちろん、ある程度の年数優秀な卒業生を輩出し続けた大学は、もっと複雑な戦略をとる。十分な数の入学志願者が集められるので、育ちやすい者を選択できる。だから、社会的に評価が高い卒業生をさらに増やし、さらに入学志願者を増やせる。いわば、新入生の評価と卒業生の評価とのインフレ・ループを形成できる。このループが安定して稼働し続けると、大学存続に関しての、ループの維持自体のもつ価値が高まっていく。究極的には、受験偏差値のコントロールだけで大学は生き残れるようになる。

しかし、この複雑な戦略をとれるのは、戦前に名門の地位を確立した伝統校やブランド校だけである。図書館長として働いていると、しばしばこのことを忘れる。目の前にいる学生のことだけを考えてしまい、その学生が卒業後どうなるかを考えない。学生へのホスピタリティの向上だけでは足りない。図書館の活動が卒業生の社会的評価の向上につながって、はじめて図書館は成果をあげたと公言できる。

5

館長就任後、大枠では、キャンパス活性化案を図書館に限定して実行するイメージで仕事をしてきた。キャンパス活性化案を図書館活性化案に縮小した形である。

まず取り組んだのは、前館長のもとで進行していた、老朽化した入退館ゲートの更新案件の変更であった。私が変更を主張したのは二点。一つ目は、スペックが落ちてもいいから金額を抑えること。二つ目は、ゲートの位置をもっと玄関口に近づけること。

一つ目の主張は、費用対効果の観点からなされた。キャンパスの学生数と教職員数を考えれば、当初案はオーバースペックであった。必ずしも高価なゲートがよい仕事をするわけではない。ゲートが教育するわけではないのだ。私は獲得した予算の大きさで仕事の価値をはからない。

二つ目の主張は、管理とサービスの効率の向上を目的になされた。当初案のゲートの位置では、玄関付近にゲートを通らないフリーアクセスの広いエリアができる。そういうエリアは、扱いにくい。そこは図書館の管理下なのか。そこにいる人は、サービスの対象なのか。こうした迷いが現場では常に生じる。この迷いは仕事上のノイズとなる。

建物としての図書館の玄関と、機能としての図書館の入り口（ゲート）とを一体化することで、職員が迷いなく動ける環境になる。職員は、館内にいる人間すべてに気を配らねばならない。例外はない。ゲートの内側か外側かで仕事モードと半仕事モードの切り替えをいちいち思案させる職場は、そこで働く人々のストレスを増加させる。

幸い二点とも、同意見の方もおられたので、主張が通ることになった。仕事の物理的範囲が定まり、館長としても働きやすい環境になった。

6

ゲート更新案件は、引き継ぎ事業であった。

一方で、新規にはじめたのは、館内設備の配置の変更と図書の傾向の変更による館内の活性化である。ひと気のない図書館だったので、くつろげる雰囲気を創出して、特段の用がない人も立ち寄る場所にしたかった。

実は、図書館利用の実態を知るほどに、焦りを感じていた。たしかに試験前には、自習目的の学生で席は埋まる。しかし、この程度の利用実績では、図書館という巨大な建造物がキャンパスに存在する強い理由にはならない。

そこで、図書館活性化の第一歩として、ラーニングコモンズのテコ入れを考えた。ラーニングコモンズは、ほとんどパソコン室として利用されていた。そこを本来の利用目的通り、アクティブなグループ学修の場として活性化させ、図書館全体に活発な雰囲気をつくることを目指した。

ただ、ラーニングコモンズの位置が問題であった。ラーニングコモンズは一階の端にあり、図書館の中心から遠い。そこで、一階の中心に文庫・新書コーナーを新設し、来館者のくつろぎの場とすることで、もう一箇所の着火点をつくることにした。

7

図書館活性化の第一歩は、現場に常駐して統括する図書館事務長から、一階全体を会話可能なアクティブフロアにする提案があった時点で完結した。今は、次のステップとして二階の活性化を模索している。さらに将来のステップアップのために、三階と四階の利用の仕方について実験を続けている。

この他、思い返すと実にたくさんのアイデアが試され、館内の利用の仕方や職員の仕事の手順に変更が加えられた。特に、地味だが重要なのは、職員のルーティンワークの効率化の常なる追求であった。しかし、ルーティンの効率化に関しては、館長の回想として書き記すべきではないだろう。というのも、それらは職員の方々からの提案であり、彼・彼女らの功績であるから。

二、業務委託の職員との仕事について

1

図書館職員は、図書館事務長を含めての完全な業務委託である。だから、職員は図書館長の部下ではない。しかし、図書館の管理者は館長なので、館長は目標を示し、その達成具合をチェックする。その表現が実質指示と変わらない言い方になるときもあるが、指示しているのではなく、あくまで客として注文をつけている形である。

ときどき学内外から、全職員が委託ではやりにくくないかと聞かれる。しかし、そんなことはない。むしろ、個々の職員の人事評価にかかわらなくてよいので、気楽である。

もちろん、図書館内では館長だけが大学の人間なので、職員と同じ会社の仲間という感覚にはなれない。そうした所属による一体感を大事にする館長なら、やりにくい職場ということになるだろう。幸いにして、私は、個人で行う人文系の研究者なので、仕事にその手の仲間意識が必要だと感じたこ

とは一度もない。ただ普通に、職場にいる人々と仲良く働いたらいいだけだ。なんの問題もない。ただし、大学職員に対してよりも、常に少しだけ丁寧な説明が必要とはなる。大学職員が研修や会議で周知された情報を、図書館職員は知らないときもあるので。館長は、他部署の職員との情報格差に留意しなければならない。館長が連絡係を兼ねることもあるということだ。

2

先ほど、館長は普通に口を出すと述べた。しかし、口の出し方には工夫をしている。この工夫が委託の職員相手だからなのか、たんに館長の個人的な仕事の癖なのかはわからない。一応、紹介しておく。

・複数の注文が同時に出されている状態にする。
・それぞれの注文の重要度をゆるやかに示唆しておく。
・それぞれの注文の実行の期限を、できるだけ遠くにふんわりと示唆しておく。
・アレンジされた形で実行されても基本オッケーとする。
・いつまでも実現しない注文には拘泥せずに、注文の内容をこちらで見直す。

職員には司書ならではのルーティンワークがある。片や、館長の注文は、ルーティンでは達成できない目的のために出される。だが、仕事の基本はルーティンだから、館長もそれを崩したくはない。なので、ルーティンの合間に注文をこなしてもらうために、前記の工夫をしている。つまり、館長の注文が、ゲームでよくあるサブクエストの位置づけになるように気をつけている。

もちろん、期限が迫っていて重要度の高い案件があれば、ルーティンを止めてそれに対処してもらうだろう。しかし、そんな緊急事態は、館長就任以来一度もない。

3

以上、完全委託に特段デメリットはないという話である。

ではメリットはなんだろうか。

一番のメリットは、職場の能力のコントロールではないかと私は思っている。

館長がやりたい仕事に対して現場の能力が足りなければ、当然能力の底上げが必要となる。そのためには、研修や配置転換、場合によっては採用人事の見直し等と変革が必要となる。そこまで予想した館長は、大変そうだから今の職員で今まで通りのことを続けようという結論になりがちであろう。

しかし、完全委託の場合、職場の成長も委託できる。例えば、最近では、動画による情報発信のスキルをもてるようにしたいとか、オープンキャンパスに参加したいのでそこへの貢献の仕方を考案してほしいとかをお願いしている。

完全委託のメリットがルーティンの丸投げだという説は間違いである。丸投げは可能だし、館長も短期的にはそのほうが楽だ。しかし、それだと図書館は成長しない。進化の止まった自動機械のような図書館に利用者が満足できるのは、せいぜい四、五年ではなかろうか。

4

参考のため、館長が注文した事柄一覧を、今思い出せる限りで思い出した順に列挙しておく。網羅的でも、時系列順でもない。また、すべてが実現・実行されたわけでもない。

・ゴキブリホイホイは見えないところに置いてください。
・おいしいコーヒーとハンバーガーの自動販売機を設置してください。ただの缶コーヒーではダメです。喫茶店のくつろぎ感が欲しいので。
・空き時間にのんびりできるソファーが欲しいです。デパートの空きスペースにあるみたいなやつです。
・一階の真ん中付近をなにもないスペースにして、そこを中心に本棚や展示をグルグルの円形に配置したいです。碁盤の目スタイルは人の生理に合わないので。
・館内を緩やかに人が動くように、備品の配置で誘導してください。
・一階をカフェ併設の書店風にできないでしょうか。
・二階の開架棚の重厚な本の圧迫感をなんとか軽減したいです。棚自体のサイズとか、収納冊数とか、なんとかならないですかね。

・大きい机の利用率が低いので、なんとかならないですかね。

・外国の絵本の特別展示のコーナーを常時利用できるようにしたいです。

・岩波少年文庫などの中学生・高校生向けの教養書も積極的に集めたいです。

・伊坂幸太郎は全部買ってください。新しい表紙の涼宮ハルヒシリーズは全部買ってください。田中小実昌を買ってください。以下、続く。

・大学図書館としての重みがなくなってしまったので、岩波文庫と講談社学術文庫を全部買って一階の真ん中にまとめて置いてください。

・文庫のラインナップがかたくなりすぎたので、教養マンガや学習マンガを積極的に置いてください。

・深窓の令嬢が窓際でハイネの詩集を読んでいる姿を見たいので、窓際に席を作ってください。

・共通教育系のセンターや地域連携系のセンター等キャンパスの他の組織との将来的な連携を見越して、ハブとなるコーナーを館内各所に準備しておきたいです。

・先生の活動、特に授業をサポートするようにしてください。アクティブ・ラーニングや事前学修・事後学修に関して図書館ができることのメニューを作りましょうよ。

・高校までの教科教育から大人向けの生涯教育への学修スタイルの成長を後押ししたいです。そのために、一階と二階の間のどこかに、学問への入門書のコーナーを作りたいです。

・館内のイベントや利用状況が入り口ですべてわかるように表示してください。
・他大学の研究者からの問い合わせがない！　専門書の質的な向上を！
・館長室のカーペットがボロボロです。
・トイレが古いです。
・二階の談話室はサイレントの自習室にしてください。
・図書館の外のプレートが汚れています。磨いて欲しいです。
・周りの草木をもっと刈り込んでほしい。虫がでるので。
・開館中は、基本的にすべての窓のカーテンを開けてください。外から図書館が陰気に見えるので。また、館内で学生が学修している姿を館外に見せることで、キャンパス全体に学ぶ姿勢を広めたいので。

5

館長の通常業務についても述べておく。業務委託の職員との仕事しか経験していないので、大学職員の仕事との違いはわからないが。

ルーティンワークは各種のハンコ押しと日々の館内の見回りである。キャンパスの全図書と建物としての図書館に関する書類のどこかに館長のハンコが必要になるので、数は多い。ただ、今は電子化されているので、労働量としては大きな負担ではない。問題は、スムーズに書類を通過させないとその仕事が遅延するので、マメにチェックしなければならないことだ。そのために、休日がとれない。研究者としては、まとまった研究時間が欲しいところだが、基本的に諦めるしかない。

館内の見回りは、館長の業務の基本である。現場をどれだけ見ているかで注文の精度が変わる。できれば常駐したいのだが、他の仕事との兼ね合いでなかなかそうもいかない。現役の現場教員である館長がなんとかやっていけるのは、館長不在でも通常運転に支障がない完全委託のおかげである。

毎日のルーティンワークではないが、定例の仕事もある。その一つは、大学図書館の各種団体・協会での仕事である。通常は、会に出席するだけなので、参加する学会が増えただけというイメージである。しかし、委員や長の席がまわってきたときは、図書館の顔として働かねばならない。つまり、社交的なふるまいが仕事になる。

もう一つは、学内の各種式典への参加である。

個人的には儀礼的な役割を果たす仕事が一番苦手である。しかし、この手の仕事は業務委託でサポートされない。

三、管理職としての意見形成の指針

図書館長は、館長として学内の会議に出席しなければならない。そこでは、当然ながら、図書館に関係のない案件も議論する。いや、図書館に関係ない案件がほとんどである。私はそうした案件についての意見形成に苦慮している。その案件に関わる現場の情報がまったくないので、私の不用意な発言でどこかの現場に迷惑をかける危険がある。館長のせいで図書館が大学職員のヘイトを買うと、図書館の業務に差し障りができる。

そこで、自分の意見形成の指針を決めることにした。

図書館以外の現場の情報がないのだから、逆に大所高所から意見をつくっていくのがよい。というか、それしか手がない。指針は次のとおり。

指針：次の法則にしたがって意見を形成する。

法則：地方私立大学の本質に合った試みのみが、本当の利益を大学にもたらす。

補足：地方私立大学の本質は次のとおり。

1　単位制である：正課外の試みにいくら力を入れても中・長期的には益がない。

2　学区がない：日本語で教育するすべての大学がライバルである。受験生は県境で止まらない。逆に、われわれが県境をこえて学生を集めるのを止める壁もない。

3　私学である：自分たちで稼いで自分たちで大学を続けるのが基本である。補助金等はボーナスとしてもらうのが正しい。また、一万円の予算を使ったら一万円以上の価値あるものを生みださねばならない。これは私企業で働く際のルールである。その際、一万円を使うという仕事自体の人件費を予算に上乗せして計算するのを忘れずに。

4　地方にある：キャンパスの立地条件とケンカしてはいけない。人口が減っている地方に若者を集めるのなら、都会の大学と同じ手法では成果はでない。場所の集客の力が弱いのだから、大学が土地の集客力を高めて人を呼ぶか、こちらから人のいるところへ出向くしかない。

5　最終学歴である：必ずしも学生は就職へのステップとして進学するわけではない。しかし世間は、卒業生の就職状況や生活レベルで大学の値打ちをはかる。世間に言いたいことはいろいろあるが、仕方がない。

指針の要点を一言で言えば、汝自身を知れ、ということだ。今後は、これらを念頭において意見をひねりだすことにしたい。

できれば、意見を言う機会がないことを願う。

四、今後の図書館

図書館長になって五年、ある程度形になった仕事もあれば途中のものもある。さらには、はじまってさえいない仕事も。

一階のアクティブフロアについては、おおまかな形ができたように思う。もちろん、足りないものはある。だが、そこへの対応も含めて、現場の判断にお任せできるところまできた。直近で気になっているのは、アクティブ・ラーニング用の椅子と机の補充だが、そのうちなんとかなるだろう。二階のサイレントフロアはまだまだ未完成である。そもそもアクティブな一階に近い二階をサイレントにしておくのは無理がある。三階・四階の整備の進行具合によるが、予備校のような完全サイレントの自習室をいつかは用意したい。

図書のラインナップについては、問題が多い。正直、これまでの購入図書の選択に疑問がある。物質文化としての本の値段と精神文化としての本の値打ちは別物である。どうやって図書のラインナップの個性と知性を高めていくかは、今後の大きな課題である。

はじまってさえいない仕事というのは、館外とのつながりの部分だ。

館長になって二年間は、とにかく学生を図書館に呼び込むことを最優先に考えてきた。しかし、コロナ禍を体験し、その考えにいくつかの修正を加えた。

第一に、図書館という物理的な場所と学生がつながることにこだわりすぎてはいけない。図書館という機能と学生がネットでつながってもいいではないか。

第二に、細く長く学生とのつながりを維持できないか。そのために、学生が卒業してもつながる方法はないか。

第三に、地域とのつながりも将来的には強化せざるをえない。そのときは、ただ周辺住民に開放するような粗雑な方法ではなく、地域のＱＯＬを高めて地価を上昇させるくらいのことは考えてみたい。

五、読書クラブ

学生対象に読書案内をしている。今年で四年目である。週に一度、昼休みに十分間、小説を紹介する。その小説の一部をコピー一枚分だけ配る。参加者はフリーで基本的に名簿を作らない。ただ、時間があったら来てくださいという感じで、ゆるく続けている。

この形になる前に、「館長の例会」というのをやっていた。このときはこちらの準備不足で、半年ほどでフェイドアウトした。その後半年準備して、読書クラブをはじめた。

館長の例会をはじめたのは、他大学の図書館をいろいろ見学して、うらやましかったからだ。どの大学の図書館も、各種イベントの看板やらチラシやらに囲まれていて華やかだ。片や、わが図書館をみると、ＪＲ四国の駅前喫茶店のようにひっそりとしている。これは悲しい。しかし、初動での集客が見込めないのに、特別講座やら定例講演やらを先生に頼むのは気がひける。なら、自分でやるか、ということではじめた会である。

四年やっていると、気になることがでてくる。律儀に毎週出席している学生さんも、卒業したらもう来なくなるということだ。もちろん、寂しいことだが仕方がない。きちんと社会人になってもらわないと困る。ただ、本学はあまりに卒業生とのつながりが細すぎないかという新たな疑問も湧いてくる。伝統校は、こういうところで一味違う。先生も、職員も、その大学の卒業生だったりする。教職員と学生の関係が、先輩と後輩の関係と重なっているので、卒業しても関係が途切れない。

もちろん、その濃い関係が学閥というものをつくり、その学閥が排他的な学歴フィルターをつくるという問題は承知している。しかし、その問題は問題として、本学はもう少し卒業生をサポートしてもいいのではないか。この大学は、彼・彼女らの母校である。私は、そのことに敬意をもって仕事をしたい。

なんとか読書クラブを、卒業生たちのサロンにまで育てられないものか。これは遠い先にとりあえず置いてみた目標である。しかしまずは、現参加者を対象に、ネットでもつながろうとGoogle Classroom に読書クラブのクラスをつくった。そこで、動画配信をしている。コロナ禍で思いついた、遠い目標に向かう小さな一歩である。

補足

書いたものを読み返して、書き残しておくべきいくつかの事柄を落としていたのでここに追記する。

1　館長就任後にスムーズに仕事にかかれた背景には、当時の事務長による引き継ぎの巧みさがある。

特に、バックヤードの各所を塞ぐ昭和の本を一人で数年かけて整理してくれたことには感謝の念を禁じえない。この勤勉な働きがなければ、私の館長としての最初の仕事は、館内の大掃除になるところだった。

2　館長の注文の根底にあるのは、教養教育を充実したいという思いである。ところで、教養とはなにか。

私はいつも伝統的な教育哲学の概念のつもりでこの言葉を使っている。つまり、教養とは、人格形成のことだ（ドイツ語のビルドゥングのこと）。

専門知識は便利な道具だ。しかし、使う人が優れていないとナマクラになる。教養は、その専門知識も含めたすべての知識を人格に血肉化したものだ。つまり、知識を使う人の全人的な知性だ。そんな教養としての知性がなければ、どんなに高度な専門知識もくだらないことにしか利用されない。できるだけ威力の高い爆弾を作ろうとか。

学部生のための図書館は、基本的にこの教養の教育のための図書館であるべきだ。もちろん、館長の思いだけで図書館が運営されるわけではないが。

第四部

随想集

随想集

書きたいときに書きたいように書きたいだけ書く。そんな遊びを三十年以上続けている。すでにノートに五十冊以上。引退後、のんびりと読み返して整理してみたい。楽しみ。

本稿では、ＭａｃＢｏｏｋに直接書き込んだ比較的新しい文章を、適当に集めて並べてみた。一番古いのでも、十年前。ほとんどは、五年以内。ノートよりもパソコンに書くほうが多くなった時期のものだ。

目的があって書いたものではない。表現したいことも特にない。

実に随筆的というかエッセイ的というか、子どもの落書きというか。そんな本来の姿を損なわないように心掛けた。だが、悪い癖で、すぐに全体を構成したり、個々の文章を整えたりしたくなる。今回は、とにかく我慢。そう念じて手控えた。

まあ、それでも自ずと形はできてしまう。そんな自然美のような偶然の造形には期待している。……いやいや、そんな期待も邪魔だ。ぐちゃぐちゃのデタラメの文章でもかまわない。それがここ十年のリアルかもしれないから。

本稿の仕上がりを運命として愛していきたい。

つけ足し

いきなりだが補足からはじめる。

次の人物のリストは、前作『ニーチェｅ』（二〇一九年）にも載せたものだ。このリストがないと講義しにくいのでここにも掲載する。

タレス、ピタゴラス、ヘラクレイトス、エンペドクレス、デモクリトス、プロタゴラス、ソクラテス、プラトン、アリストテレス、エピクロス、ゼノン、キケロ、セネカ、エピクテトス、マルクス・アウレリウス、アウグスティヌス、アンセルムス、トマス・アクィナス、オッカム、ペトラルカ、ピコ・デラ・ミランドラ、マキァヴェリ、エラスムス、フランシス・ベーコン、ホッブス、ロック、バークリー、ヒューム、デカルト、スピノザ、ライプニッツ、モンテーニュ、パスカル、モンテスキュー、ヴォルテール、ディドロ、ジャン・ジャック・ルソー、カント、フィヒテ、ヘーゲル、ベンサム、ジョン・スチュアート・ミル、コント、マルクス、エンゲルス、ハーバード・スペンサー、キルケゴール、ニーチェ、ヤスパース、ハイデガー、サルトル、パース、ウィリアム・ジェームズ、デューイ、ヴィトゲンシュタイン、ホルクハイマー、ハーバマス、レヴィ・ストロース、フーコー、ロールズ、孔子、孟子、荀子、老子、荘子、墨子、韓非子、竜樹、無着、世親、朱子、王陽明、聖徳太子、行基、最澄、空海、空也、源信、法然、親鸞、栄

西、道元、日蓮、一遍、藤原惺窩、林羅山、山崎闇斎、中江藤樹、熊沢蕃山、山鹿素行、伊藤仁斎、荻生徂徠、石田梅岩、安藤昌益、二宮尊徳、賀茂真淵、本居宣長、平田篤胤、前野良沢、杉田玄白、佐久間象山、吉田松陰、福沢諭吉、中江兆民、幸徳秋水、吉野作造、内村鑑三、西田幾多郎、和辻哲郎、柳田国男、平塚らいてう

なんのリストかは『ニーチェe』を読めばわかる。まあ、読まなくてもおおよそ察しがつくか。

哲学教師が哲学の実例？

哲学教師になって二十年以上になる。

哲学は知識ではないと何回授業で言ったかわからない。

では、哲学とはなんなのか。否定形ではないその答えはいかに。

答えそのものではないが、答え方の一つの形は提示できる。哲学を学ぶとこうなりますという結果の実例を示すことである。

「先生、質問です。哲学ってなんですか」。

「学ぶと私みたいな人になる知的活動です」。

というわけで、授業ではしばしば私自身を哲学の（よくも悪くも）一つの成果として提供する。一

般にはそれを雑談というが。

愛しい教え子のために我が身を犠牲にしているのである。教育のためには仕方がない。決して、自分大好きおじさんが自分の話を若者にしたいのではない。たぶん。

「吸血鬼ハンターDシリーズ」を読むと思うこと

都から来た調査員にだけはなりたくない。

二〇XX年、浦和の実家に里帰りする

1

真夏に浦和の実家に帰る。

そこには誰も住んでいない。ときどき家族の誰かが来て、空気を入れ替えたりする。大学院生の頃は、私が一番多く来ていた。静かなので読書には向いている。

春の連休以来だ。照明やら水道やら冷蔵庫やら各所をチェック。最後に、パソコンの電源を入れる。

型落ちのＭａｃＢｏｏｋの黒。

彼にもささやかな歴史がある。

京都の下宿では白を使っていた。それは就職先の徳島の下宿にもっていった。しかし、関西にまだ仕事が残っていた。京都の下宿はすぐには整理できない。そこにもパソコンが必要だ。というわけで、京都アバンティのソフマップで、中古のＭａｃＢｏｏｋを買った。それが黒Ｍａｃである。

一年後に無事に関西から脱出し、今は浦和で静かな余生を送る黒。気の毒に、彼は三月ぶりに叩き起こされ、ホッブスの自然状態のようなネット世界につながれてしまう。

あれやこれやのアップデート。短期的な現役復帰のために、彼はせっせと準備する。律儀なやつ。何度目かのパスワードの入力作業が終わると、あとは黒に任せて食事に出る。家では食べない。ゴミも私が片さないといけないので。

移動中に伊東の母からの電話。こっちに寄るのかと確認。決めてないといつもの返事。決まっているのは、お盆明けに徳島に戻ることだけ。

浦和の家の美化に関する母の要望を承って電話を切る。歩きながら研究室で読む本を頭の中で選ぶ。そのままなんとなく、浦和駅方面に向かう。

徳島から一直線に来たので、首都圏の地方都市が大都会に見える。たくさんのチェーン店があるだけなのだが。

いや、たしかに住宅の密集度合いはスゴイ。どこまでも隙間なく住宅が広がっている。知らない人が周りにいる気配に安心する。逆に、誰もいない田園風景は緊張する。三つ子の魂百までも、というやつか。

2

実家で高校時代の生活を反復する。不思議と心の疲労がとれる。そして三日くらいで飽きる。徳島に戻る前にいつも、掃除をしたり、電球を変えたり、冷蔵庫の整理をしたりする。今夏は、リビングに据え置きのテレビゲーム機を取り替える。昔のプレイステーションから昔のプレイステーション2へ。どちらも京都の下宿のお下がりだ。

様々なコードを取りつけ直し、場合によっては新しい規格のものに買い替える。その作業がそのまま、テレビの裏の掃除になる。

汗だくになる。なにかのアレルギー反応でくしゃみが止まらない。

使えない古いコードをソファーに投げつけた。意外に乱暴な腕の動きだった。

私は自分がイラついていると気づく。

買い出しのために何度も家を出入りしたためか、蚊がリビングにまで入り込んでいる。腕も足も噛まれた跡で赤いスポットだらけだ。

さほど痒くはない。ただ、イライラする。

蚊は、私の感情に直接毒を流し込む。

フジグラン北島の一階エスカレーター傍の椅子にて

「ガリレオ」のヒロイン交代は、徳島の小学生には不評のようだ。

彼女はフクヤマとシバサキのイチャイチャが見たいと力説している。私と背中合わせに座る二人組の会話より得た情報。

映画「ヘラクレス」を観る

映画「ヘラクレス」（二〇一四年）には、画期的なところはなにもない。

おそらく今後一生人に勧めたりはしないだろう。映画館から帰って家族からどうだったと聞かれれば、まああだと面倒くさそうに答えながら風呂場に向かうだろう。しかし、好きな映画なのだ。どこがどう好きなのかわからない。分析すればわかるだろうが、それはつまらない。好き嫌いの中心にある欲望とは、どうせつまらないものにきまっているから。だからこそ、個人的には大事なものなのだろうが。

傑作と好きな映画とは違う。傑作は理性的に分析されて輝く。それは私の欲望を突き動かさない。いやいや、そうではないな。

理性的なものは、いずれ私の欲望と関係すると私の理性が予見しているものだ。私の欲望はいつか

『ヘラクレス』を捨てて、今はただ深く納得される対象でしかない理性的なものに向かう。私が理性的存在であるというのは、理性が未来の欲望を先取りするからだ。

しかし、私は今生きているのだ。だから、今のつまらない欲望を否定したくない。今の好き嫌いを分析したりしない。

それでなにか問題でも?

私は『ヘラクレス』が好きだ。そのことで、誰かの家のゴキブリが増えたりはしないだろうさ。

哲学入門のようなもの

1

哲学教師をやっていて一番厄介な質問が、哲学ってなんですか、というものだ。

いろいろな答え方をしてきたのだが、最近は「知りたい欲求」だと答えている。もう少し長く言えば、本当のことを知りたい欲求とその成果物、だ。

もちろん、これが正解のつもりで答えてはいない。こう仮に規定してみれば、学びが進むだろうとの下心あっての教育的な解答である。

では本当の答えは、と聞きたくなるところだろう。だが、この先は私の在籍する大学に入学して、私の授業に登録してもらわないと。こっちも商売なんでね。

（本当は私にもよくわからないだけなんだが、それは内緒です）。

2

仮の答えにすぎないとしても、哲学を知りたい欲求だと考えるといろいろと都合がいい。欲求には対象がある。対象のない欲求はたんなる心の混乱だ。つまり、欲求にはそれが向かう方向がある、すなわちベクトルがあるということだ。いろいろな哲学者の本を読んでいると、そのベクトルの方向に大別して二種類あるように思える。すなわち、世界と自己だ。名の通った哲学者はどちらのベクトルももっているが、人によってなんとなく得意な方がある。

「ここはどこ？　私は誰？」。

学生がどっちの問いに興味が向くかで、授業のベースにする哲学者を変える。

3

厄介な学生の質問は他にもある。

哲学ってなんの役に立つんですか。

勉強しないための言い訳で問うているなら適当に答えて追っ払うが、なかには子犬のようなつぶらな瞳で真摯に聞いてくる人もいるので困る。

正直言えば、そんなこと考えたこともないので答えようもない。

運転免許でもあるまいし、なにかに役立てるために哲学を勉強するなんて。やりたいからやっているだけで、楽しいからやっているのでさえない。ただただ、この世界とそこにいる私が不思議でしょうがない。いつのまにか、この不思議と向き合っている。しかし、こんな私のごく私的な事情など学生には関係がない。彼・彼女らは、子どもの頃から、いつか役に立つよと騙されて教科書を読んできたのだ。

真剣に答えてみよう。

謎の古代詩風にね。

哲学はなんの役に立つのかだって
そんなことは明らかではないか
それは哲学の役に立つのだよ
哲学は人間よりも長命だ
いや、人類の歴史より長命かもしれない
ではどちらが主役なのか
長生きの哲学ではないか
人が哲学をするなんておかしなことを言うな
哲学が人に哲学させるのだ

いや思い切って言おう
哲学が哲学すると

大論文にしないで答えるには、インチキ古代詩が最適だ。いや。インチキフォークソングにもみえる。

私は別にふざけていない。哲学が哲学する。観念論哲学にありそうな言い方だ。

4

哲学入門というのは、一家を成した大哲学者の仕事のイメージがある。

しかし、哲学教師の仕事は、哲学入門そのものだ。実に荷が重い。

ややこしいのは、大哲学者は、哲学教師をやらずにただ哲学を語る哲学者として生活できるから、哲学入門の仕事をしないのに対して、自分の哲学が形になっていない未熟な私は、哲学入門をもっぱら仕事とする哲学教師をやらねば生活できないというねじれがあることだ。

もっともこれは、すべての分野にあるねじれかもしれない。

優れた研究者は、自身の専門分野について一番よく知っている人だから、本当は一番噛み砕いて説明できるはずだ。しかし、そうした研究者は、初学者への説明能力を鍛えることなく、ただただ自分の研究の道を進んでいく。

前進を阻まれ、その道の先になにがあるかを知らない者が路上に立ち止まり、次に来る者に道案内をしなければならない。

まあ、他の分野のことはよく知らないのだが。

さて、哲学入門の話だ。

そもそも哲学入門というのは、哲学と相性が悪い。

哲学は、万有の真理に興味があるのであって、対象を狭く限定されるのを嫌う。その対象が哲学自身であってもだ。だから、哲学入門は、哲学についての非哲学的な学問である。

そうなのだ。通常哲学入門は、哲学ではないのだ。

ただ、なにをやっても哲学になる生粋の哲学者が存在する。そういう哲学者の哲学入門は、特例で哲学になる。自分の哲学の入口をつくれる、天与の才の持ち主はなんと幸運であることか。

5

高校生に教えていた頃は、授業中のつなぎの雑談で、こんなことを言っていた。

「哲学なんてものは、ある程度人生を生きてから必要になるものなんです。だから今は、単純に暗記重視の社会科の一つくらいに思って、おつき合いください」。

もちろん、こういうのは考えずに口を動かしているだけだ。

なんといっても授業というのは、教師の口が止まるとすべてが停止する生き物だから、授業が沈黙に死なないよう、喋るために喋る。

口に勝手に授業の延命措置をさせながら、心の中では、次になにを説明すればうまい具合にこの授業が完結するかを考えている。

……さて、プラトンのイデア論の説明が先週終わったところだから、今日は「哲学は死の練習」にも行けるし、「エロース」にも行けるな。しかしどっちも、説明の仕方を間違えると大惨事になる。高校生に自殺を勧めているとか、女子生徒に卑猥な話をしたとか。徹夜でゲームしたので脳みその体力が少ない今は、どちらも避けたいテーマだ。ならば、仕方がない。あと十分雑談して、残りの十分は教科書を読もう。ええっと、当たり障りのない話題と言えば、ペットの話だな。うーんと、犬と猫、オレはこのクラスではどっちを飼っている体で話してたっけな……。

こんな感じで五十過ぎまでポンコツ哲学教師として生きてこられた。

が、いよいよ私も人生について考えねばならなくなった。

だって、あと十年もしたら定年だもの。

この今の私に、果たして哲学は必要となったのか否か。場当たり的な発言の真偽を己の人生で検証する羽目になるとは。

ニーチェ先生の示唆されているとおり、人生とは実験である。私のすべての実験への評価は、人生からの引退後に誰かにまとめてもらうしかない。いや、きれいさっぱり忘れてくれたほうがいいか。

6

前に、哲学は知りたい欲求だと仮に規定した。

その仮を取ってみよう。本物の規定を模索するというわけだ。

やり方はいろいろあるが、今回は邪魔なものを取っていく方針でいく。オッカムの剃刀の亜流だ。

まず、「欲求」という言葉が気になる。

「知りたい」と言っているのだから、もう欲求と言っているようなものだ。それに欲求という言い方は、表現したい事柄に対して意味的に過剰である。つまり、生理的なもの、あるいは心理的なものを余分に含む。ならば、言わないほうがいいのでは。

というわけで、「知りたい欲求」は「知りたい」になりました。

でも、まだいらないものがある。「知りたい」という言い方は、積極的すぎるようだ。知るという動作に向かう勢いが強いことを意味してしまう。この勢いの強さは規定に不要だ。ではどうする。

「知りたい」も取り去るか。

すると、哲学とは、表現として無であることになる。いやいや、それではなにも規定できていない。あるいは、禅問答のようだ。さてどうするか。

今日の私は、こうするのがいいと思う。

哲学とは「?」だ。この記号がぴょこんと発生している状態が哲学だ。

無よりもポップでいい。まあ八十年代風の禅問答ではあるが。

恩山寺から立江寺のあたりを視察する

新入生をお遍路に連れていくことになった。もちろん、見学するわけではない。歩かせるのである。誰の発案か知らないが、現場では私が引率するのだから無事に終わらさねば私の責任になる。正直、胃が痛い。

ここ二月、有給も使って何度も現地に行き安全の確認をしている。特に赤石トンネル付近の両サイドが気になるので、チャリで行ったり来たりを繰り返す。

遍路道はトンネルではなく山裾を越えるのだが、一歩間違えると山に入ってしまう。実際、私は山に迷い込み、虫に刺されて一日寝込んだ。

視察の途中、遍路道近くで旗山という小山を見つける。その頂上に源義経の騎馬像がある。ネットで調べると、四国に上陸した義経がここで源氏の旗である白旗を掲げたという謂れである。知らんけど。

それにしてもすごい行動力だ。義経軍はこのあたりに上陸して一日で屋島まで行軍したらしい。マジか。どうかしている。

荒天のなか今の船場あたりから船を出し、勝浦に着いて早々地元の豪族を討つ。そしてその勢いのまま讃岐街道を爆進。

こういうバカパワーはうらやましい。部下にはなりたくないけど。

老害という言葉に衝撃を受ける

1

重い気分だ。

若者たちがよく言っている老害について考えてみた。

学生に教えている以上、この話題はスルーできない。なにしろ、学生諸君は、日本の人口構成上まず間違いなく、年長者の多い職場で働くのだから。

実は、私も、若い頃は、ベテランに便利に使われるばかりで、納得のいく仕事ができなかった。仕事で成果をあげるというのは、会社がその人に与えた役割を果たすことだ。だから、ベテランの仕事を手伝うばかりでは、そのベテランには気に入られても、社内での私の評価はあがらない。では、どうしたか。

結論的に言うと、どうもできなかった。結局、ある程度年齢があがり、私にキャリアの長さで圧力をかける人間がいなくなるまでどうにもならない。だから、学生諸君がどうしたらいいのか、アドバイスはできない。

ただ、問題の捉え方のヒントはかろうじて確保できたような気がするので、それを書いてみたい。

2

なぜ老害問題がおきるのか。

原因の一つは、若者とベテランの仕事についての視点の違いにある。

歳をとるとはどういうことか。

私自身が二十歳代の頃は、単純に年齢を体力との相関で考えていた。つまり、歳をとると体力が落ちる。だから、こなせる仕事の総量が減る。そのため、おじさん・おばさんたちは、若者を使役することでその分を補填しようとする、と。

しかし、ベテランと仕事をする経験を通じて、加齢とはそんな体力に関する数量的なものではなく、構成する世界像に関する実存的なものであると理解した。つまり、人は、その時点での残りの現役人生を意識しながら仕事をする、ということだ。

3

私が四十歳代の頃、三十年後の世界を、自分の人生の延長線上にリアルに推測できた。もちろん、あくまで推測だ。実感はない。でも、その世界に自分が生きているだろうということを、ほとんど疑わない推測だ。

しかし、今や私も五十歳代だ。そうなると、三十年後の世界は、サイエンス・フィクションの世界だ。推測はできる。でも、どうせそこに自分はいないと心の底では思っている。いくら人生百年時代と言われても、私には八十歳をこえた自分の人生を、本当に自分のものと受けとめることはできない。

4

力のあるベテランほど、そうなのではないか。

彼・彼女らは、現実をしっかりと捉えているから力がある。彼・彼女らは、自分の目で見つけた問題を、自分の手で解決したがる。数十年先に問題が解決されるように手を打つよりも、解決の成功をリアルに実感したがる。そして、そのために、未来を犠牲にすることも厭わない。

いや、意図的に子や孫に害をなす悪人は滅多にいない。

ただ、未来の犠牲に目をつぶることはある。その犠牲だって、不確かなサイエンス・フィクションの世界の出来事なのだから。未来の犠牲など、今解決できるチャンスを逃す理由にはならない。

5

学生諸君。

老害問題は、フランシス・ベーコンのイドラ（偏見）に関係する問題だ。

五十路の男である私が、二十歳の学生の視座には立てない。しかし、二十歳の若者は、六十歳代の老婆心を我が事のようには理解できない。老いも若きもそれぞれの年齢のイドラとともに、限界のある視野のなかで、精一杯生きていくしかない。

6

前に言ったように、私から若者にアドバイスはできない。

私もどうしていいかわからないのだ。

ただ、私が学生に願うのは、賢くあれということだ。君たちに立ち塞がるベテランとどう付き合うのか。対峙するにしても、迎合するにしても、協働するにしても、そのベテランの行動の仕組みを知らなければ、君たちの利益は偶然に任されることになる。

7

この件から学生諸君が学ぶべきことは、年齢の違いはこえられないが、年齢の違いを理解することはできる、ということだ。

理解したうえでどうするのかは、それぞれの決断に任されている。

凡庸な結語で申し訳ないが、君たちの人生は君たちのものなのだから。

ペルソナ3の映画を観る

1

「PERSONA3 THE MOVIE #4 Winter of Rebirth」（二〇一六年）を観た。神戸シネ・リーブルで。ペルソナ3シリーズは、超メジャーなタイトルではない。テアトルシネマグループは、いつも少しだけマイナーな映画を推す。少しだけ特別な人間でありたい凡庸な私と趣味が合う。

原作ゲームは一応やっていた。ＰＳＰへの移植版の「ペルソナ3 ポータブル」だ。しかし、映画の終盤でびっくりする。このダイナミックなラストは、私のゲーム体験とは違っていた。どうやら私は、マルチエンディングの地味なルートに進んだらしい。一周しかしていないのだから、仕方ないか。

2

夜の街を梅田に向かって走る阪急電車のなかで、入場特典のビックリマン風のシールを眺める。そしてつらつらと考える。

ペルソナ3の主人公は複数のペルソナを操る。ジョジョでいえば、一人で複数のスタンドをもつようなものだ。ペルソナシリーズの母体であるメガテンシリーズは、複数の仲間とともに戦うシステムなので、それに合わせたのか。しかしペルソナは、キャラの心の奥底にある真の我みたいなものだから、それが複数というのは心理学的なリアリティに欠けるような……

……と考えたところで、待てよと思考の足を止める。人一人にアイデンティティが一つなんて、むしろゲームやマンガの世界だけではないか。複数の顔をもつ主人公のほうが、普通の人間だ。心が多重人格的であることは、もはや新しい発想ではない。

ある種の社会科学は苦手だ

どうも昔から、ある種の社会科学は苦手だ。

数える行為に依拠して人間についてなにかを述べるタイプの科学。その手の論文には、図とか表とかたくさんのおまけがついてくる。

念のために付言すると、苦手なのであって、否定的なのではない。

物事を知るための手法として、数える行為は基本的である。ものによっては、まず数えなければなにもわからない。今さっき、私自身も、学生の答案の正当数を数えたところだ。数えなければ、その学生の答案が何点なのか決まらない。

でも、苦手は苦手だ。人が数えている場面に遭遇すると、油断するなと心と体のどこかが緊張する。ヤバイ先輩をゲーセン付近で見かけたときの感覚と似ている。見つかって、先輩の財布の一つに数えられてはかなわない。私は、ヤンキー文化最盛期に普通の中学生だった。枚挙と支配は連携していることを、経験的に知っている。

いや被害者ぶるのはフェアじゃない。これまでの人生では、自分が数える側にまわることも多かった（教師だし）。点呼をとる者の小さな優越感。そんないやらしい感情に囚われていると気づいたときの自己嫌悪。その両方を私は知っている。

数えることは、どうしても権力の行使と切り離せない。行使するにしてもされるにしても、なにかが傷つく。

映画「それから」を観る

『松田優作DVDマガジン Vol. 30』（講談社、二〇一六年）所収の映画「それから」を観る。森田芳光監督、松田優作主演で、夏目漱石の『それから』を映画化したものだ。

懐かしい。高校生の頃、新宿の映画館まで一人で観に行った。埼玉在住の県立高校の生徒が一人で新宿まで行くのは大冒険だった。厳密には校則違反だ。しかし、森田監督、優作、漱石の三人が揃っている作品を見逃すわけにはいかない。小説『それから』は今でも個人的オールタイムベストの上位に入るし、優作は大好きな俳優だ。森田監督についてはよく知らなかったが、話題の監督だった。当時の映画は、ロードショーを逃すといつ観られるかわからない。一九八五年の日本は今よりも金持ちだったが、ｉＰａｄは存在しない。

マガジンの冊子によると、優作の代助と藤谷美和子の美千代が水面を見下ろす木橋のシーンは、上野の不忍池だそうだ。撮影から三十年経過し、先日私は、そこに行ってきた。聖地巡礼ではなく、ポケモンＧＯのためだ。蓮が生い茂り白鳥のボートが浮かぶ池の周りをｉＰｈｏｎｅ ６とバッテリーをもって歩き回り、コダックを大量に捕まえた。漱石のキャラが友情と愛をめぐって文学的に空転した場所で、二十一世紀の動物的な若者たち（と四十歳代おじさんの私）は、電子の幻想キャラをめぐって物理的に走り回っていた。いや、これは比喩ではない。ミニリュウが湧いたという情報を知るや否や、本当に若者たちは走っていくのだ。もちろん、おじさんも走れる限りは走った。五メートルが限界だったが。

『それから』は、三十歳の男が自分の楽園を愛のために捨てる話だ。まさに失楽園。そして、彼の実生活がはじまる。片や、私の実生活は、ポケモンたちとともにある。もしかして、私は楽園にいるのか。

女性声優のラジオの声

女性の声優さんは、ラジオで、うんうん、と実際に声に出してうなずく。まるで文字が空中に浮かぶようにはっきりと。聞いていると、不思議な気分になる。

浦沢直樹『MONSTER』（小学館、一九九四年十二月―二〇〇一年十二月連載）を読む

たぶん二〇〇二年に読んで以来、久方ぶりに一巻から十八巻まで通読。

結局モンスターとはなんなのか。殺人者を見つけて操れる能力なのか（五巻七二頁）、人を殺せることなのか（九巻九三頁）、人を愛せないことなのか（一〇巻八三頁）、子供の記憶を奪って善悪の彼岸に導く教育なのか（一八巻二〇頁）、子供を選択する母なのか（一八巻二五二頁）。

ほのめかしで読者を引っ張る夏目漱石方式（あるいはエヴァ方式）。

アクションシーンがほとんどない。暴力の気配と暴力の結果のシーンで残酷さを表現している。あくまでアクションではなくミステリーということか。

映画的な手法ともいえる。役者がドタバタ動くと作品が子供っぽくなるので。でも、グリマーの肉弾戦は絵で見てみたかった。

ところで、この作品とは関係ないが、最近のマンガは、アニメの絵コンテみたいなアクションシーンが多くて読みにくい。アニメになってはじめて動きが実感できる。それじゃあマンガという表現方法をとった甲斐がない。

ポストエヴァを生き残った作品。

手塚のキャラ絵でシリアスをやった成功例。

随想と告白

誤解があると困るので断っておく。

この書き物で書くことはすべて、語り手「私」の主観的な風景だ。つまり、心象にすぎない。もちろん、嘘ではない。貝木泥舟のセリフをもじったところがあったりするので、私が詐欺的な言述を操る胡乱な人物に思われるかもしれない。が、ここでは意図的な嘘はつかない。客観的な事実確認もしないが。

ここで書かれる心象こそが、現に生きまた生きてきた私の世界である。私にとってはリアルだ。今回はこのリアルに準じる。つまり、ルソーの『告白』のマネである。ルソーのマネは一度やってみたかったのだ。

ちなみに、ルソーの『告白』は嘘だらけらしい。ということは、私のこの随想も……

菊地秀行『D─死情都市』(朝日文庫、二〇一八年)を読む

「吸血鬼ハンターD」シリーズの三十四作目。

マンネリ感は否定できないが、一時期の大貴族と神祖の影の大戦争という退屈なバブルからは立ち直った。登場人物がワラワラ出てきて、本気になったDに倒されるという定型をずらす工夫がみられ

る。

ダンピールであるDがどの程度人間なのか。左手の寄生体との関係は。そして神祖との関係は。……などというシリーズを引っ張る謎は、今ではどうでもいい。それがこのシリーズの凄いところで、中核的な問題が格下げされているのに続いている。

本作では、Dはもはや貴族でも人間でもなく運命である。なおかつ、運命であるという使命を果たす機械である。

話すのはもっぱら左手の寄生体のジジイだ。こいつがいないとDがたくさん話さねばならないのでキャラがぶれる。

Dの美しさが彼の強さの肝だと再認する。ギリシア神話でパリスがアキレウスを仕留めるように、美は単純な腕っ節の強さを凌駕する。今作も、美しくて無双のDだった。

ところで、バイクに乗っている別の貴族ハンターのオリビアってのは、何者だっけ？

急に異動になって、昔のサッカー選手を思いだす

異動になった。栄転だ。うれしい！が、なんの準備もできていない。

かつてのサッカー日本代表の選手の顔が浮かんだ。

「急にボールが来たので」。

そうなのだ。人生には急にボールが来ることがある。ここであわててはいけない。まずしなくてはならないことをリストして、今できることをするべし。

ええっと、入学式までにモーニングを用意する、と。えっ！ こんなに高いの！ お金がない。つい先日、ギターとプレステ買ったばかりだ。やばい、どうしよう。

なんかこの仕事も、ＱＢＫになりそうだ。

大学教育の本質を語っている言葉を引用する

「大学という場所は何ら特別ではなく、／「出会いがすべてだった」／結局はそう言うしかないのだ。／大学に入ったことで、僕は実に様々な人々と出会った。〔略〕僕はその全ての人々に感化され、日々、昨日とは違う自分を見つけていった。僕の半生を振り返ると、大学進学以前と以後で世界ははっきりと変わってしまっている」（向井康介著『大阪芸大：破壊者は西からやってくる』東京書籍、二〇一九年、二九八頁）。

セーソクに学ぶゼロ年代ＨＭ／ＨＲ事情（抄）

伊藤政則『断言　１９９８―２００８（ＢＵＲＲＮ！業書12）』（シンコーミュージック、二〇一六年）を読む。タワーレコード難波店で開催された秘宝展（二〇一七年）で購入したサイン本だ。月間の音楽雑誌「ＢＵＲＲＮ！」の連載を十年分まとめたもの。「ＢＵＲＲＮ！」は世界的にもめずらしいハードロック・ヘヴィメタルの専門誌。私も昔はよく買っていた。しかし、ヘヴィなロックは九十年代には流行遅れとなり、往時の人気バンドは今では「生ける伝説」扱いで現役とはいいがたい。若者たちは白人であっても黒人音楽をやるようになったので新人バンドも出てこない。

そんな鬱屈した状況のなか、七十年代にメタルを日本に伝導した音楽評論家伊藤政則氏は情報発信を続ける。なかなかタフな男だ。ちなみに、私は彼の「バンドTシャツ」を愛用している。もちろん、彼はバンドなどやっていないが。

正則氏の苦闘は、グランジ／オルタナの流行後にメタルが死んでいる状況からはじまる。しかし、IRON MAIDENにブルース・ディッキンソン（とエイドリアン・スミス）が戻り、BON JOVIの〝It's My Life〟が大ヒットしたりで、シーンが息を吹き返した。［以下、あまりにマニアックな世界の出来事なので略］

〈物語〉フェスのＬＶに参加する

京都二条のシネコンで物語シリーズの歌ものフェスのライブビューイングに参加。徳島イオンのチケットをもっていたが、どこかに紛失してあわてて買い直す。大急ぎで京都へ。

ＴＯＨＯシネマズ二条は、京都時代によく利用した懐かしい場所。しかし今はそれ以上に、物語シリーズが十周年という感慨が深い。

振り返れば、化物語のＤＶＤ第一巻を京都のソフマップで買ったのと同時に、私のサラリーマン生活がはじまった。あれやこれやのごく平凡でありながら過酷な社会人的出来事の傍には、常に物語シリーズがいたように思う。

歌のイベントにはあまり出演しない斎藤千和さんの歌唱で、隣の女性は感極まって涙を流している。イベントが進むにつれ、私もなんだか泣きたい気分になる。

なにかが終わる。そして、なにかがはじまる。

せーのっ！

二〇二〇年一月二十八日に困惑する

「Ｎｏ・２は、味噌ラーメンに決定！」というメモを見つける。ｉＰｈｏｎｅのメモアプリにそう書いてある。

なんのことだかさっぱりわからない。せめてどこで食べた味噌ラーメンがきっかけで書いたのかはメモって欲しい。いや、おまえだよ、溝口。

ただ、はっきりわかっているのは、Ｎｏ・１はカレーうどんだということだ。書いたのが私である限り、このトップが交代したことはない。

……いや、それも記憶にないだけか。

実は、年始早々、高熱を発して寝込んでいたので、その前後の記憶が曖昧なのだ。

マンガ『多重人格探偵サイコ』とともに思い出す、九十年代文化とその後

『多重人格探偵サイコ』（田島昭宇・大塚英志、角川書店、一九九六年十二月―二〇一六年一月連載）を通読する。

個人的に思い入れがある作品。

第一巻からずっと追いかけていたし、渡久地菊夫が暴走する第四巻（一九九九年）まではもっとも好きな作品だった。メディアミックスで関係者に儲けさせれば、裸も死体も表現可能でしょう、という作者のひねくれた姿勢も好きだった。

ポストエヴァ（三巻一七八頁、六巻一三九頁、一五巻二四頁）かつポストオウム（四巻六二頁）の時代に新しい表現を模索した作品。いや、今回読み返してみると、模索というより悩んでいる。強引に物語や表現をドライヴさせようとするときがある。

オウム真理教や酒鬼薔薇聖斗事件という現実をフィクションがどうこえるか。

この問題に、とにかくそこにあるものはそのまま描くというリアリズムの美で答えた

（『ＭＯＮＳＴＥＲ』と逆だな）。男女の裸も、身体欠損をともなう暴力も、弱者の虐殺も、施政者の大衆への差別意識も、すべてをそのまま描く。そのうえで、銃の構え方とかの決めポーズでケレン味を出している。

ルーシー７の登場で作品の勢いがダウンする。そして、雨宮一彦・西園伸二から西園て虎への主役交代と伊園美和の退場で、物語は迷いの時期に突入する。

思えば、このあたりで時代はゼロ年代。

アイデンティティ探しとコギャル文化を切り捨てて、作品はその後十年以上も続く。

東ローマ帝国の歴史みたいだ。もはやトップランナーではなく、ポストエヴァ問題に答えるでもなく、小道具ばかりキレイに作画されたアクションマンガとして生き続ける。相変わらず死体表現はどぎついがかつての美しさは感じられない。サイコなんだからこんな感じでしょう的なノリである。なんか生首とか笑えたりもする。

作者は、ポストエヴァへのセカイ系の答えに不満なのだろう。自分なりの答えを探す迷いが、はからずも八十年台の宙吊りを再現してしまっている。巻を重ねるごとに「多重人格」という仕掛けも、「人格の代補」という仕掛けにスライドしていく。作品は記号論的なものに変質していく。

ゼロ年代終盤の二〇〇八年の第十二巻（一七三―一七四頁）では、心（感情）の唯一性を老人（清水）が確言する。

十年代に入って、二〇一四年の第二十巻（七三―七六頁）では、おじさん（笹山）が心の唯一性の源泉として他者との交流を挙げる。

第二十一巻（九四―九五頁）では、成長した少年（て虎）が出生の偶然性とそれでも生きる目的を必要とする生の逆説を説く。

というわけで、近代的な人間観にレイドバックして作品はようやく終われた。

「人間の内にある心…感情／それらだけは唯一無二！　たとえ　それがコンピュータでプログラムされたり人為的に作り出された物でも」（第十二巻、一七三―一七四頁。第十四巻、七二―七三頁も参照）。

うーん。実に近代的。悪くはないが、この作品に求めていた答えとは違うような。

梅雨の時期に数えることについて鬱々と思う

1

数えるという行為は恐ろしい。

新型コロナウィルスが流行してから、ますますそう感じる。

流行の初期に、ある有名人がお亡くなりになった。

テレビのワイドショーではしきりにその話をしていた。この病が人命を奪うものだと視聴者に実感させる意図なのだろう。

あるとき、芸能人コメンテーターの発言に、司会が、有名人の方も無名の方も同じ一人の人間なのですが、とつけ加えた。

芸能人同士の内輪話にならないように、バランスを取ったのだろう。

建前的な発言であったが、私はそれに虚をつかれた。

考えてみれば当たり前だが、誰がお亡くなりになっても、死者一名だ。有名人だろうと無名の人だろうと、親友だろうと宿敵だろうと、同じただの「1」名。

そしてこれも当たり前だが、どんな人間も1という数には還元しきれない無数の性質をもつ。数える行為は、それらの性質を忘れる条件下で成立する。

2

コロナの死者が一日あたり数十名に達したころ、テレビで評論家コメンテーターが解説していた。他国と比較して日本の死者は少ない、と。

「これが現実です」。

たしかに、その数が他国より少ないのは一目瞭然だ。なにしろ数は比べられるのだから。ただ、数というものが現実かどうかは別問題だ。

数は、物事のある側面を抽象化して発生する観念である。例えば私は、哲学教師であり、四国の住人であり、男であり、あれやこれやであり、そして一名だ。この「1」名であるところだけを取りあげて、これが現実だと言われるのは納得できない。

私という存在の限られた部分をクローズアップした思考の産物を、私そのものと同定されるのは嫌だ。

3

私は、1が現実でないと結論づけたいわけではない。私こそ、1という現実を含む諸々の部品で組み立てられた空想物であるかもしれないのだから。

しかし、数えて表にして比べて「現実はこの通り」という思考方法には、敬意をもてない。この思考方法は、人間の理性の重さが感じられない。

もちろん、死者数などの数は、真実を推量するための材料にはなる。だから、数えるのは大切なことだ。

しかし、それまでの総計の数字に1を足して処理終了という方法が、人間理性の本気の活動だとは思いたくない。それが本気ならもう、今後思考するのは人ではなくコンピュータということで結構だ。

いや、これは短気な発言であった。

私が言いたいのは、もっと平凡なことだ。

コメンテーターのわかりやすい結論に飛びつく前に、もう少しよく考えようではないか。

はまった曲で人生を振り返る

遠隔授業のために動画をつくっている。誰もいない図書館のスタジオで。いや、キャンパスにそもそも人がいないのだが。

ＭａｃＢｏｏｋ（二〇一七）は軽くて便利だが、動画編集には向かない。まあそもそもエア授業をそのまま流すのでほとんど編集しない。しかし、アップロードに時間がかかるのには困った。暇なので、今までの人生で繰り返し聞いたかつてのヘビロテ曲を思い出して時間を潰す。

こういうことをやりだすというのは、私もどこかで死を意識しているということだろう。だって、罹患したら死ぬらしいじゃん、新型コロナって。

暗い話はやめよう。

曲のリストを挙げておく。どの曲も私の人生にリズムとメロディーを与えてくれた。ということは、日常生活を物語にまとめてくれたということだ。おかげで、どの時代も映画のように美しかったと回想できる。みなさんも、自分の人生に曲をつけてみたらどうだろうか。（あっ、これも編集作業か）。

ちなみに、リストは私がはまった順なので曲の発表順ではない。それと、このリストは、ある時期に、この曲だけを繰り返し聞く時期があった曲のリストだ。普段はアルバム単位で聞くので、通算再生回数のベスト曲はこのリストに入っていなかったりする。もちろん、オールタイムベストでもないし、現在のベストでもない。
ようするに、これは、コロナ禍の今、私の心を慰撫してくれる思い出の曲集なのだ。

沢田研二「ヤマトより愛を込めて」
松山千春「長い夜」
Night Ranger「Don't Tell Me You Love me」
Yngwie J. Malmsteen「As Above, So Below」
Deep Purple「Knocking At Your Backdoor」
Rainbow「Gate Of Babylon」
Jeff Beck Group「Let Me Love You」
森高千里「ミーハー」
Dream Theater「A Fortune in Lies」
Judas Priest「Painkiller」
Iron Maiden「Prowler」
さだまさし「まほろば」
大槻ケンヂと橘高文彦「踊る赤ちゃん人間」
斧乃木余接（cv. 早見沙織）「オレンジミント」

モダン・ポリティックス

前に、ある種の社会科学は苦手だと書いた。

そのある種の社会科学の一つに、モダン・ポリティックスがある。昭和の昔に流行した学問で、今もその影響はあちらこちらに見え隠れしている。

それは政治家に民衆の支持を得る方法をアドバイスする学問だ。先生今黄色いネクタイで演説すると支持率が2％上がりますよ、とか。だれにアドバイスするかは、研究費次第。たくさん払ってくれる人には精緻な分析と確度の高い予測を提供するが、安ければ新聞記事にも書いてありそうな話をする。

この手の学者には政治理念がない。独裁者も革命家も等しく顧客だ。ただし、金払いのいいお客はＶＩＰ扱い。当然、税金を流用できる権力者はＶＩＰになりやすい。

もちろん、これは事態のマンガ的な単純化だ。

モダン・ポリティックスが政権による民衆支配の強力な道具になり、いずれはモダン・ポリティックス・コンピュータが、逆に政権を使役するビックママになる。よくあるサイバーパンクの世界観。

だが、私はときどき怖くなるのだ。

小学校の低学年のときだ。

朝の出席を取り終えた先生が、四十二名みんな元気に出席ですねと言った。
自分は、その四十二名の一人なんだ。
1、1、1と四十二個並んでいるうちの一つなんだ。
私はなにかに練り込まれて自分が消えていく恐怖と痛みを感じた。それは無という哲学的テーマとの出会いでもあり、死という人生の終局との対峙の経験でもあった。

二〇二一年十月三十日　土曜日

総選挙の期日前投票のため徳島から伊東へ。新神戸から新幹線に乗る。新大阪で三島に止まるひかりに乗り換えられたのはラッキーだった。久しぶりに新幹線弁当も買えたし。道中、佐木隆三原作の『復讐するは我にあり』の映画（今村昌平監督、一九七九年、松竹）をiPadで観る。昨晩、アマゾンプライムでダウンロードしておいたもの。大昔にレンタルビデオで視聴済みだが、きれいさっぱり内容を忘れていたので。連続殺人犯榎津巌最初の殺人（専売公社の集金の偉いさんの方）のあと、自分の小便で手の血を洗う場面でひく。前回視聴時もここでかなりひいたのを思い出す。ウォシュレットの現代からみると、昔の日本は衛生的とはいえない。さらに、二番目の殺人（専売公社の偉くない方）で、娘がいると命乞いする相手を騙して山に連れて行き毛布をかけて滅多刺しする場面で完全に思い出す。どの殺人も理解不能な残酷さでめちゃくちゃひいたのだった。たぶん九十年代にアングラなエログロ表現が再流行して話題になり、チェックしたのだったか…。ちょっとユーモラスな、そして下世話で暴力的な世界に、常識的感覚では共感できない殺人がおこる。寅さんの舞台をリアルな殺人鬼が歩く感じ。逃亡中の榎津が浜松に到着した場面で、悪い冗談のように私の乗る新幹線も浜松に到着。途端に、この地での榎津の殺人がリアルになる。心の通いあった榎津に殺される女の理不尽な死も、老母が息子の保釈金のために金を工面する情も、この世の実相だ。裸の場面が乗降客に見えないように変な姿勢で映画を見ながら、誰も殺されない私の周辺が妙に空想的に思えてくる。

二〇二一年十二月二十四日　金曜日

朝五時半の南海フェリーで大阪へ（和歌山港経由）。『D―鬼哭旅』を読了。ファンタジー世界でのミステリ。意外といい。短編にしたのも吉。近作では一番楽しめた。Dの行動にはもう飽きているが。呪術廻戦の映画をTOHOシネマズなんば館のIMAXで観る。IMAXで観るほどではなかったが、ちょうどいい時間だったので。ほとんど五条悟の物語。隣の席は専門家女子二人。五条と夏油傑の絡みで鼻を啜る。コミックスを読んだときから物語の展開がうまくないと文句を言っていた溝口隆一五十三歳は、これで泣けない自分はもうおじさんなんだと痛感。いや、もうとっくにおじさんではあるが。物品のサービスは満点。Lサイズのドリンクでオリジナルコースターがもらえる。入場者特典は『呪術廻戦0・5』。お馴染みのジャンプの商法。いや、悪くない。大阪市中で経路不明のオミクロン株が出たと二日くらい前にテレビで騒いでいた。が、クリスマスイヴの映画館は誰も気にしちゃいない人混み。祇園祭の宵山くらい。ただ、みなさんきっちりとマスクをしていて、おしゃべりは控えめ。昼食に寄った南海なんば駅の英國屋のご婦人方はよく喋っておられたが。これは仕方がない。大阪のおばちゃんは喋らないと食べられない仕様なので。夕食は、新大阪のそば屋で天井セット。ざるそばもうまいが、蕎麦湯がうまい。この後、この先のトランクルームに寄る予定。もしかすると半年ぶりかもしれない。道中にあるコーナンで大昔に『破壊獣』と『進撃の巨人』を買ったことを思い出す。いや、進撃は違うかも。久しぶりの大阪でいろいろと思い出が蘇る。そばとともにつるつると（うまくない）。ふんわりした気分で店を出ると結構な雨。今回は急ぎの旅とかではないので、無理をせず予定を変更して引き返す。岸里ではなんと雨が止んでいる。大阪ではままあること。梅田周辺と難波以南で天候が違う。なんにしろ、都会に出られただけで今日はウキウキ。こういうクリスマスイヴがあってもいい。いや、基本、毎年こんな感じか。一人で生き、一人で死ぬ。我が生涯に一片の悔いなし（とか言ってるラオウ以外のやつはたぶん悔いがある）。

岸里の下宿の黒いゴミ

家賃三万の岸里の部屋は、いくら掃除しても黒いゴミ屑が出る。

呪われているに違いないと思ったが、実は私の履いている室内用スリッパが汚れていて、私が歩くことで汚していると判明する。
というわけで、スリッパを買い替えた。

「わしゃがなTV」でクリスマス

このＹｏｕＴｕｂｅ番組は、昔のテレビみたい。テレビタレントではなく各界の元気な人が出てくる昔のテレビ。中村悠一は声優として出演しているが、声優の仕事をしているわけではない。昨日から呪術廻戦の映画は始まっているし、来年三月には銀河英雄伝説の新シリーズが始まる。でも、その宣伝をするでもなくそのアフレコの内幕を話すでもなく。それなのに、彼はユーチューバー然ともしていない。ユーチューバー独特の神経質に躁と鬱を切り替えるリズムで話してはいない。基本、ラジオのペースだ。でも、それがかつてのテレビ番組だった。わしゃがなでＹｏｕＴｕｂｅは本格的にテレビの後継者になったのかもしれない。

トヨタのテレビＣＭを観ていると、イライラする件

ＣＭは商品の宣伝をするべきだ。企業の哲学はどうでもいい。いや、それも長期的に存続する企業をつくるためには大事だが、コンセプトを商品に具現してこその企業だろうが、と思う。

なんばなんなんの英國屋でモーニングを食べるクリスマス

隣は若めのおばさん（ナンシー関似）とダミ声のおばあさん（小料理屋の女将風）。会社の同僚かなにか。映画「呪術廻戦」の時間待ち。ナンシー関がサンドの耳を残す。もういらん、固いねん。女将が、やめときやめとき、時間が経つと固くなるのよ。女将は関西言葉を使うが、発音とアクセントは完全に江戸弁。チャキチャキ。最近、東京を引きあげて大阪に引っ越したとのこと。東京駅までＳｕｉｃａで来て、新幹線のチケットを窓口で買うときに間違えてＩＣＯＣＡを出して、なんとかかんとかの珍道中。二人で職場の上司の話。厳しい人でみんな泣かされている。スシローで飯を食うと決めてホームページから予約しようとするが、会員にならないといけないとかでナンシー関がイライラ。めんどくさいわ、これ。最後に匙を投げる。女将は呪術廻戦をまったく知らない。なんかオワコンて聞いたから、どうオワコンか確認する、とか。女将の語彙が、五年前の若者の語彙なのが微妙。ナンシー関は、口調によらず優しい人のよう。東京から飛ばされてきた女将を大阪で受け入れるためにコミュニケーションをしている感じか。二人の会話が大いに気になるが、タバコ臭さに辟易して店を出る。

（　　　　　　　　　　　　　　　　　　　　　）題

（　　　　　　　　　　　　　　　　　　　　　　　　　　）題

1	2
3	4
5	6
7	8
9	10
11	12
13	14
15	16
17	18
19	20

1	2
3	4
5	6
7	8
9	10
11	12
13	14
15	16
17	18
19	20

1			
2			
3			
4			
5			
6			
7			
8			
9			
10			
11			
12			
13			
14			
15			

著者紹介（執筆順）

第一部　ニーチェ、第四部　随想集、
第三部　＋図書館
　図書館長雑感　二〇二二年夏
溝口　隆一
同志社大学大学院文学研究科博士課程後期修了　博士（哲学）
徳島文理大学保健福祉学部　教授

著書
現代教育学のフロンティア（世界思想社、2003年）分担執筆
現代哲学の真理論（世界思想社、2009年）分担執筆
ニーチェｂ（ふくろう出版、2012年）
ニーチェｌ（ふくろう出版、2014年）
ニーチェ＋（ふくろう出版、2016年）編著
ニーチェｅ（ふくろう出版、2019年）
経験論の多面的展開（萌書房、2021年）分担執筆

第二部　＋研究

近代徳島における鉄道の出現と背景

鍛冶　博之
同志社大学大学院商学研究科博士後期課程修了　博士（商学）
徳島文理大学総合政策学部　准教授

著書
『総合政策学入門』（徳島文理大学大学院総合政策学研究科編、晃洋書房、2017年、10章担当）
『パチンコ―健全化への模索』（原田印刷出版、2019年）
『ニーチェ＋』（溝口隆一編著、ふくろう出版、2016年）分担執筆
『パチンコホール企業改革の研究』（文眞堂、2015年）
『商品と社会―ランドマーク商品の研究』（川満直樹編著、同文舘出版、2015年、Chapter 3担当）
『ランドマーク商品の研究⑤―商品史からのメッセージ』（石川健次郎編著、同文舘出版、2013年、第3章担当）
『マーケティングの諸問題』（後藤一郎・神保充弘・申賢洙編著、2011年、第9章担当）
その他、パチンコ産業史や商品史に関する論文多数

第二部　＋研究

障害者とスポーツ

—障害福祉の講義におけるアクティブ・ラーニング—

桃井　克将

神戸大学大学院人間発達環境学研究科博士後期課程修了

博士（学術）

徳島文理大学保健福祉学部　講師

著書

『ニーチェ＋』（ふくろう出版、2016年）分担執筆

第二部　＋研究

学生と教職員の協同による図書館活用の活性化

—課題解決型アクティブラーニングの研究—

長濱　太造

徳島文理大学大学院家政学研究科修士課程修了

修士（生活環境情報学）

徳島文理大学人間生活学部　講師

著書

『未来思考の生活経営』（家政教育社、2003年）分担執筆

第三部　＋図書館
　変化する大学図書館の一つのモデルケース
中井　淳也
関西大学文学部史学・地理学科卒業
丸善雄松堂株式会社アカデミック・プロセス・ソリューション事業部勤務

ニーチェ++

2023年1月20日 初版発行

編著者 溝口 隆一

発 行 ふくろう出版
〒700-0035 岡山市北区高柳西町 1-23
友野印刷ビル
TEL：086-255-2181
FAX：086-255-6324
http://www.296.jp
e-mail：info@296.jp
振替 01310-8-95147

印刷・製本 友野印刷株式会社
ISBN978-4-86186-872-6 C3011